Adalbert Merx

Idee und Grundlinien einer allgemeinen Geschichte der Mystik

Adalbert Merx

Idee und Grundlinien einer allgemeinen Geschichte der Mystik

ISBN/EAN: 9783743665347

Hergestellt in Europa, USA, Kanada, Australien, Japan

Cover: Foto ©Thomas Meinert / pixelio.de

Weitere Bücher finden Sie auf **www.hansebooks.com**

Idee und Grundlinien
einer allgemeinen Geschichte der Mystik.

Akademische Rede

zum Geburtsfeste des höchstseligen Grossherzogs

KARL FRIEDRICH

am 22. November 1892

beim Vortrage des Jahresberichtes und der Verkündung der akademischen Preise

gehalten

von

Dr. Adalbert Merx,

Grossherzoglich Badischem Geh. Hofrath, o. ö. Professor der Theologie

d. z. Prorector der Grossh. Badischen Universität Heidelberg.

Heidelberg.
Universitäts-Buchdruckerei von J. Hörning.
1893.

Hochansehnliche Versammlung,

Die jährliche Wiederkehr des Geburtstages Karl Friedrichs, den noch kein ehernes Denkmal in dieser Stadt ehrt, sondern nur das lebende Denkmal, das er sich selbst gesetzt hat, und dessen Bausteine Lehrer und Schüler der Universität sind, gibt uns immer wieder die erwünschte und nützliche Veranlassung, unsere Blicke rückwärts zu wenden auf einen Mann und eine Zeit, welche für unsere Hochschule epochemachend gewesen ist. Karl Friedrich war mit allen guten Tendenzen des achtzehnten Jahrhunderts in Fühlung, Klopstock und Herder, Goethe und Lavater, Forster, Gessner und Pfeffel waren seine Gäste, auch Voltaire hat ihn besucht, und Basedow's, sowie Salis' erzieherische Unternehmungen zogen seine Aufmerksamkeit auf sich. So wird es begreiflich, dass, als er die Hochschule zeitgemäss umgestalten wollte, der Geist der Aufklärung des achtzehnten Jahrhunderts über diesem Werke schwebte, und jede Zeile seines Organisationsstatutes athmet auch diesen Geist. Nicht nur, dass er dem sachlichen Wissen in Statistik, Staaten-, Cultur- und Handelsgeschichte, Naturgeschichte und Erdkünde, — die heute noch keine Professur hat — ein breites Thor zu öffnen bemüht war, nicht nur, dass er die Philosophie und die Staatsöconomie besonders gepflegt wissen wollte, mehr als dies athmet seine Organisation der „kirchlichen Section" den Geist der Aufklärung, der mit jugendlichem Eifer ohne Rücksicht auf die Härte der Gegensätze Einrichtungen vorweg zu schaffen suchte, welche erst Ergebnisse langer, die Theorien und die Praxis umgestaltender Bemühungen sein können, und die in der damals gewählten Form wohl niemals zu verwirklichen sind. Man denke, welche geistige Freiheit und welch aufgeklärtes Bewusstsein bei einer Organisation vorausgesetzt ist, die Lutheraner, Reformirte und Katholiken in einer Facultät zusammenfassen will, und dabei allerdings jeder Confession einen besonderen Lehrstuhl für Dogmatik zubilligt und das Kirchenrecht mit je einem Protestanten und einem Katholiken besetzt, die übrigen Lehrfächer aber als rein wissenschaftliche, zur Hälfte mit Katholiken und zur Hälfte mit Protestanten zu besetzen gedachte und wirklich besetzte! Es war wohl die Nachwirkung des Febronianismus, die es auf katholischer Seite einem Dereser möglich gemacht hat, College von Daub zu sein. Heu quantum distamus ab isto.

Aber die Füsse derjenigen, welche den Geist der Aufklärung begraben sollten, standen schon vor der Thür. Die strebenden Geister waren zwar der flachen und prosaischen Aufklärung der allgemeinen deutschen Bibliothek Nicolai's überdrüssig, aber darum doch nicht geneigt, sich von der strengen Keuschheit des kantischen Denkens mit seiner Festlegung der Grenzen menschlicher Erkenntniss und seiner Apotheose des kategorischen Imperatives fesseln zu lassen. Sie glaubten auch die strengen Formen classischer Schönheit überspringen zu dürfen und Schiller galt schon als ein überwundener Standpunkt, über den die Schlegels' und Caroline sich zu spotten erlaubten, nur Goethe's Auctorität fochten sie nicht geradezu an. Sie wollten Niedagewesenes.

Wir sind gewohnt, diese Gruppe kühner Neuerer, die Anfangs im Negiren einig, später, als es zu positiven Entwicklungen kam, zu den verschiedensten sich gegenseitig ausschliessenden Standpunkten fortgeschritten sind, die romantische Schule zu nennen und ihre dichterischen Erzeugnisse mit mässigem Vergnügen zu betrachten. Aber wir dürfen darüber nicht vergessen, dass diese alles Hergebrachte anfechtenden Geister in der schönen Litteratur durch scharfes Urtheil geschmackreinigend gewirkt und den litterarischen Gesichtskreis nach Herder und neben Goethe durch Einführung vorzüglich übersetzter spanischer, italienischer und englischer Meisterwerke auf das Bedeutendste erweitert haben und dass trotz dieser Richtung gerade sie es waren, die in der Zeit des napoleonischen Druckes das verglimmende Feuer deutscher Gesinnung angefacht und dem entnervenden Weltbürgerthum gegenüber in seinem

Werthe erkannt haben[1]). Ebensowenig kann man leugnen, dass aus ihren Anregungen ganz frische wissenschaftliche Probleme und Disciplinen hervorgewachsen sind, so dass sie wirklich eine neue Periode deutschen Lebens inauguriren. Welche Bedeutung die Vereinigung der Arnim, Brentano und Görres hier in Heidelberg für die Entwicklung der deutschen Studien, für die Erforschung des deutschen Mittelalters in der allgemeinsten Bedeutung des Wortes, für Liebe und Verständniss des deutschen Volksliedes gehabt hat, das hat von dieser Stelle aus vor eilf Jahren unser verewigter College Bartsch ausgeführt, mag es mir heute vergönnt sein, nach einer anderen Richtung Anregungen zu verfolgen, die ebenfalls von den Romantikern gegeben worden sind.

I.

Bei dem fieberhaften Streben von allen Seiten her, das Neue, das Romantische zu finden, richteten sich die Blicke Fr. Schlegel's auch auf den Orient, eine neue Religion, eine neue Mythologie, eine neue Poesie soll geschaffen werden. „Im Orient müssen wir das höchste Romantische suchen, und wenn wir erst aus dieser Quelle schöpfen können, so wird uns vielleicht der Anschein von südlicher Gluth, der uns jetzt in der spanischen Poesie so reizend ist, wieder nur abendländisch und sparsam erscheinen"[2]). Damit folgte Fr. Schlegel auf seine besondere Weise Impulsen, die von Herder und Hamann gegeben waren; seine Natur vereinigte in sich ein philosophisch-mystisches mit einem philologischen Bedürfnisse, er begann in Paris bei Chézy persische und indische Studien, und sein Buch von der Sprache und Weisheit der Inder 1808 wurde ein neues Evangelium, dem die Görres und Creutzer mit Hingebung lauschten[3]).

Während hier der Orient aus romantisch-mystischem Interesse herbeigezogen wurde, empfing in anderer Weise das Interesse an morgenländischer Litteratur durch Goethe einen kräftigen Anstoss, der durch sein langes Leben hindurch zeitweilig immer wieder seine Augen nach dem Osten gerichtet hat. Er suchte, frei von andern Absichten, das poetisch Sinnige und dachte nicht daran, geheimnissvolle Mystik zu erobern. In seiner kurzen Besprechung findet er in dem Gita Govinda Nichts als ein das Aeusserste wagendes erotisches Gedicht, und bemerkt nicht, dass eben diese erotische Poesie nur Hülle für mystische Gedanken sein soll, was Lassen über allen Zweifel erhoben hat[4]). Seinem poetischen Suchen kamen mancherlei Arbeiten entgegen, bei weitem die bedeutendste Anregung empfing er jedoch seit 1814 durch Hammer's Uebersetzung des Hâfis, deren tiefem Eindrucke gegenüber er sich nach seiner Art gezwungen fühlte, sich selbst productiv zu verhalten[5]). Wesentlich diesem Antriebe entsprang der west-östliche Divân, in welchem modernes und deutsches Fühlen Goethe's, wie auf einem Maskenfeste mit morgenländischen Flittern verhüllt ist, vermuthlich aber reiner wirken würde, wenn es dieses fremdländischen Aufputzes entbehrte. Die Wirkung des Divânes ist intensiv genug gewesen, Rückert und Platen haben sich an ihm begeistert, Daumer ist ihm gefolgt, und mancher junge Mann mag, wie ich selbst, durch den Reiz des Divânes zum Studium des Orientes veranlasst worden sein, aber der Divân ist ein Irrlicht, der in ihm abgeschilderte Orient eine wesenlose Phantasmagorie, und indem Goethe Hammer folgte, folgte er einem einäugigen Führer und wurde zum Irrlehrer derjenigen, die ihm folgten.

Schon Kosegarten hat in der Hallischen Litteraturzeitung (1819, III 596f.) auf den Mysticismus hingewiesen, der der persischen Poesie ihren besonderen Charakter verleiht, des Mysticismus im Hâfis hat er dabei aber nicht gedacht, denn wenn die Liebe und der Wein und die schönen Jünglinge im Hâfis nicht wörtlich verstanden werden sollten, sondern Sinnbilder berauschter Hingabe und sich selbst aufgebender Versenkung in die Unendlichkeit Gottes wären, was bliebe dann von der Auffassung des Hâfis im Divân als zu Recht bestehend übrig? Nichts, rein gar Nichts! Der ganze Orient versteht den Hâfis mystisch, Goethe aber lehrt:

> Mystisch heissest du ihnen
> Weil sie Närrisches bei dir denken
> Und ihren unlauteren Wein
> In deinem Namen verschenken.

> Du aber bist mystisch rein,
> Weil sie dich nicht verstehn,
> Der du ohne fromm zu sein selig bist!
> Das wollen sie dir nicht zugestehn.

Mit welchem Rechte darf eine so weittragende Behauptung aufgestellt werden, wenn keine bessere Unterlage vorhanden ist, als die Hammer'sche Uebersetzung, ja wenn man die Frage nicht einmal richtig stellt? In Wahrheit steht die Frage so: Wenn der gesammte Orient den Hâfis mystisch versteht, ist er in der Lage, die wirkliche Absicht des Dichters bei der Abfassung seiner Lieder und den ursprünglichen Sinn der Lieder richtig zu beurtheilen oder nicht? Oder irrt sich der Orient in seiner Auffassung des Hâfis, und haben wir Veranlassung, den Eindruck, den uns die Lieder beim ersten Anblick ohne genaueres Studium machen, an die Stelle des orientalischen Verständnisses zu setzen? Dachten erst die Leser „Närrisches" bei den Versen, oder schon Hâfis selbst?

Lassen wir uns darüber vom Oriente selbst belehren. Schemseddin Mohammad, Hâfis, d. h. der den Qorân auswendig weiss, war Scheich, d. i. Vorsteher einer Derwischbruderschaft, und nahm als solcher an ihren religiösen Tanzfeiern thätigen Antheil. Bei diesen fortreissend und ansteckend, ja wenn sie wie in Kairo bei den Begtaschi-Derwischtänzen von rauschender Musik begleitet sind, geradezu erschütternd wirkenden Tänzen werden Lieder gesungen, Lieder, denen Niemand, wenn er sie, ohne ihren Zweck zu kennen, liest, anmerken würde, dass sie religiösen Sinn haben. Hier haben Sie einige Zeilen eines solchen Liedes:

> Von Liebe ist mein Herz bekümmert, und meine Augen schlummerlos,
> Die Lebenskraft ist mir geschwunden, die Thränen stürzen in den Schoos.
> Ich hoffe nicht mehr, ihn zu finden! Seh ich den Liebsten jemals wieder?
> Ach quälte mich sein Fernsein nicht, dann hielt ich meine Klagen nieder!
>
> O Turteltaube, sage mir's; Was presst dir deine Klagen aus?
> Kränkt dich des Liebsten ferne sein? Bist flügellos du eingefangen?
> Sie sprach: Wir tragen gleichen Schmerz, die Liebe schafft mir dieses Bangen!
> Ach quälte mich sein Fernsein nicht, dann hielt ich meine Klagen nieder.

Der Klagende ist der nach Gottesminne durstige Derwisch, der Geliebte ist Gott, die Turteltaube die Seele, die sich von Gott fern fühlt.

Und hier ein anderes:

> Das Luftgebilde deines Seins besuchte mich in dunkler Nacht;
> Ich sprach: Gebilde du des Schlummers, was hat zu mir dich hergebracht?
> Es sprach: Der den du kennst hat mich gesandt,
> Zu dem von heisser Liebe du entbrannt!

Und hier ein drittes Lied:

> Von Jemens Flur du zarte Gazelle,
> Umsonst dir dienen ist meine Stelle,
> Du jugendschöne, so farbenzart,
> Entwachsen kaum der Kinderart.

Diese aus Lane's Customs and Manners of the modern Egyptians von mir entlehnten und deutsch umgedichteten Lieder sind religiöse Gedichte, wovon sich jedermann noch heute im Orient practisch überzeugen kann. Mögen sie dazu dienen, die Thatsache für einen Augenblick annehmbar zu machen, dass auch des Hâfis Liebeslieder von Haus aus, nicht erst durch Eintragung, einen mystischen Sinn haben können.

Aber der Wein! Gestatten Sie mir einen Schluss a minori ad majus. Etwa um 1590 kam in Aegypten, Mecca und Medina bei den nächtlichen Festfeiern der Derwische oder Sufi's der Kaffe in Gebrauch, Kaffe aber arabisch Qahwa genannt, soll neben dem uns geläufigen Sinne nach den Wörterbüchern auch Wein bedeutet haben, und bedeutet wirklich leichten Weisswein in der Materia medica des Matthaeus Sylvaticus im vierzehnten Jahrhundert[6]). Der Gebrauch des Kaffe's bei den nächtlichen Feiern der Sufi's erschien so anstössig, dass er verboten und nur heimlich in den Häusern genossen wurde, worüber ein Spötter höhnend sagte:

> Verboten ist der Bohnen Kraft,
> So trinkt statt dessen Traubensaft,
> Ergebt euch losen Schwelgerein
> Und lasst den Pfaffen Pfaffen sein.

Wer den Rath befolgt hätte, würde mindestens vierzig Geisselhiebe, vielleicht mehr gewagt haben, denn diese Strafe steht auf dem Weingenuss[7]), und ein Schullehrer, wie Hâfis war, wäre unter der Last der öffentlichen Verachtung unmöglich geworden, wenn man Trinklieder von ihm gekannt, oder in seinen Gedichten Trinklieder vermuthet hätte. Denn was am Hofe schwelgerischer Ommajaden und verrückter Abbassiden möglich war, das war bei einem armen persischen Schulmeister noch lange nicht möglich. Herr Vambéry sagte mir einmal gesprächsweise: Hätten die Zeitgenossen des Hâfis seine Lieder wörtlich verstanden, so hätten sie ihn todt geschlagen.

Aber glücklicher Weise bedürfen wir solcher aprioristischen Erwägungen gar nicht. Hâfis sagt selbst deutlich genug, dass er den Inhalt seiner Lieder als mit dem Qorân übereinstimmend gefasst wissen will:

> Da wo ich meines Schreibrohrs Fisch zum Schreiben bringe,
> Frag den Qorân du nach dem Sinn des, was ich singe[8]).
> Durchknetet habe ich die Seele mit Verstand,
> Ich säte aus ein Korn, das mir daraus entstand.
> In dem Gemisch bot sich mir wonniger Gewinn,
> Weil Liedermark und Seelenmark als Theil darin.

Und weiter:

> Komm und mit diesem Duft der Hoffnungsseligkeit
> Durchwürz die Seele dir in alle Ewigkeit,
> Der Moschus stammt mir von der Huri's Niedersaum,
> Nicht von Gazellen, wie sie in dem Erdenraum[9]).

Ja Hâfis gibt auch ganz bestimmte Anweisung, wie er seine Ausdrücke gefasst wissen will, wenn er im Schenkenbuche erklärt: Was ich mit dem Becher meine, das ist der Wein der Ewigkeit, und der Sinn dieses Weines ist für mich die Hingabe des Selbst, das sich Entselbsten. Und im Zusammenhange damit fährt er fort und mahnt: Wirf eilig dein Leben und dein Gold auf dem Wege der Liebe fort, und wenn du zu den Wandrern gehörst, so wirf die Seele fort und wandre eilig zu der ewigen Stätte und wisse, dass Alles Vernichtung ist ausser Gott[9]). Selbst Hammer kann hier nicht umhin anzuerkennen, dass Hâfis diese Lieder im mystischen Sinne abgefasst hat, aber er gibt dem keine Folge. Und so ist es denn gekommen, dass Goethe im Häfis gefunden hat:

> Lieb, Lied' und Weines Trunkenheit
> Ob's nachtet oder tagt,
> Die göttlichste Betrunkenheit,
> Die mich entzückt und plagt.

Ganz anderes aber meint Häfis, wenn er sein Schenkenbuch mit den Versen beginnt:

> Komm, gieb mir den Wein o Schenk, der mystische Ekstase schafft,
> Der den Edelsinn mir steigert, der mich zur Vollendung bringt.
> Reich ihn mir, denn vielfach bin ich als ein Thor dahingesunken
> Hingesunken ohne Theil an Edelsinn und an Vollendung [10]).

Und diese mystische Auffassung der Gedichte gilt nicht für das Schenkenbuch allein, sie gilt für alle Oden, mit Ausnahme der Gelegenheitsgedichte und des Lobes von vornehmen Herren. Wer den Schlüssel hat, und noch dazu weiss, dass diese Sufi's dem dogmatisch streitbaren Islam gerade so abgeneigt waren wie die abendländischen Mystiker der scholastischen Behandlung der Dogmatik, ohne ihren Inhalt darum zu leugnen, der wird trotz alles gegentheiligen Scheins an der symbolischen Deutung festhalten, er wird verstehen, was der Dichter in der folgenden Ode gemeint hat, bei deren Uebersetzung ich im Interesse der genauen Wiedergabe auf Reim und Sylbenmass verzichte:

1. Gestern Nacht sah ich, dass die Engel an die Schenke klopften,
   Sie kneteten Adams Thon und warfen ihn in den Mischkrug [11]).
2. Die Bewohner des verschleierten Heiligthumes und der keuschen unsichtbaren Welt (die Engel)
   Kredenzten mir, dem Staubbewohner, den berauschenden Trank (der Liebe).
3. Der Himmel konnte die Last, die ihm anvertraut war, (die Liebe), nicht tragen
   Der Haupttheil der Arbeit ist auf meinen, des lieberasenden, Namen geschrieben.
4. Dank sei Gott, dass Frieden zwischen mir und ihm,
   Die Huris trinken tanzend den Becher der Dankbarkeit aus (d. h. danken inbrünstig dafür,
         dass Häfis mit Gott in Frieden ist, weil er die Last der Liebe trägt).
5. Wie sollten wir bei hundert Garben Wahnes nicht vom Wege abkommen,
   Wenn des wachenden Adams Weg gestört ist durch ein einziges Korn?

6. Hüte dich vor dem Streit der zweiundsiebenzig Secten,
Die weil sie die Wahrheit nicht gesehen haben, an die Thür der Fabel klopften.
7. Das ist kein Feuer, dessen Flamme auf einer Kerze lächelt,
Feuer ist das, wodurch die Ernte (Garbe) des Schmetterlings aufgebrannt wird.
8. Ein Pünktchen Liebe macht das Herz der Klausner zu Blut (d. h. verwundet es),
Gleich dem Schönheitsmale, das auf der Wange des Geliebten sitzt.
9. Niemand hat wie Hâfis den Schleier von der Wange der Reflexion aufgehoben,
Seit die Lockenspitzen der Bräute der Rede gekämmt worden sind (d. h. seit man Verse gemacht hat).

Ode 108 auf Dâl, Rosenzweig-Schwannau I P. 584.

Die Weinschenke ist die Liebe, für die die Engel den Menschen kneteten und in den Mischkrug warfen, worin jeder Kenner des Timaeus eine Nachwirkung des platonischen Mythus erkennen wird, der von den Alexandrinern aufgenommen, zur Commentierung der biblischen Schöpfungsgeschichte verwendet und von da zu den Muhammedanern gelangt ist. Die Engel schenkten dem Hâfis, dessen Seele wie alle Seelen praexistent gedacht wird, die Last der ekstatischen mystischen Liebe, zwischen ihm und Gott ist Frieden, und die tanzenden Huri's, vermuthlich die Sphärendrehung, die die Geschicke lenkt, danken Gott dafür. Die vulgären Religionsvorstellungen halten sich an den Schein und die Fabel, die wahre Religion ist ein den Falter, d. i. die Seele verzehrendes Feuer und Niemand hat, seit man Gedichte geschrieben hat, das Geheimniss so völlig entschleiert als Hâfis. Ich füge dem noch bei, dass wenn hier die Huri's, anderwärts Venus und der Messias tanzen, das auf die Drehung der Sphären geht, welche die Derwische in ihren Tänzen abbilden wollen, um dadurch den Einguss (faid) der Kraft der Sphären auf sich herabzuziehen, der mystische Begeisterung spendet, wie dies Ibn Tophail im Hai ibn Yokdhan ausgeführt hat[12]).

Also kurz, Hâfis ist durchaus mystisch zu verstehen, und das ist auch die Ansicht der tiefsten Kenner immer gewesen, ich nenne nur De Sacy, Garcin de Tassy, Gildemeister[9]), denen gegenüber andere Gelehrte mit ihren schwankenden Meinungen nicht in's Gewicht fallen (Rosenzweig, Brockhaus).

II.

Hâfis starb 1388 in Schirâz, zweiundzwanzig Jahre vor ihm 1366 starb im Kloster zu Ulm Heinrich Suso, der Nachfolger des Meister Eckehard, der wie Hâfis die Ausschweifungen seiner Mitderwische tadelte, so über die weltliche Gesinnung seiner dominikanischen Brüder klagte und sich der Mystik in die Arme warf. Von seinem achtzehnten bis zum vierzigsten Jahre führte er ein Leben der schwersten Kasteiung, die Füsse waren ihm voller Geschwüre, die Knie blutig, der Rücken von einem mit Nägeln durchbohrten Kreuze, das er auf dem Rücken trug, verwundet, der Leib ausgemergelt, Mund und Zunge dürr, die Hände zitterten vor Kraftlosigkeit. Später aber gab er das asketische Leben auf. Wie muhammedanische Sufi's hatte auch er Traumoffenbarungen, sein Angesicht sollte während seiner Predigt wie die Sonne glänzen. Wie ein Sufischeich war er ein Seelenführer, namentlich für Frauen, aber auch Gottesfreunde drängten sich zu ihm. Wie die moslimische Orthodoxie der Sufi's im Osten, so wurde die christliche Suso's und seines Meisters Eckehard und so vieler anderer Mystiker angefochten. Und mit Recht, denn in der Consequenz ihrer Grundanschauungen liegt eine Beseitigung des orthodoxen Systemes, das Hâfis Mährchen (afsâne), andre Gleichnisse oder Decken und Hüllen tiefer Wahrheiten nennen, welche dem an der Schale Haftenden in dieser verhüllenden Form nach ihren praktischen Wirkungen hier vermittelt werden.

Das Ziel des Strebens solcher Seelen ist das Erringen vollkommener Einsicht in Gottes Wesen und das dadurch bedingte Eins werden mit ihm, das einige als Aufgehen in ihm denken, andere als mit der Erhaltung der Persönlichkeit vereinbar vorstellen. Wenn solche Vergottung und Entselbstung schon im irdischen Leben als vollzogen gedacht wird, so entsteht der Glaube an eigene Sündenunfähigkeit, die Ethik verliert ihre Kraft, der Gottesfreund wird Libertiner, er cassiert den Begriff der Reue, wo sie aber als unendliches Ziel vorgestellt wird, da führt sie zur Weltverachtung, Weltflucht, Askese und

Selbstqual. Das schwierigste für einen Mystiker und Sufi ist es, die schöne Mitte zu halten, er springt immer in das Extrem, aber Genüsse, die er seiner Gesammtperson practisch versagt, gewährt er seiner Seele durch überreizte Phantasie.

Aehnliche, aber gezügeltere Phantasie als sie die persischen Sufi's, als deren Repräsentanten ich Hâfis vorführte, uns vorweisen, beherrscht auch die germanische und romanische Mystik, mit dem Unterschiede jedoch, dass die islamische Phantasie sich an Mohammed als an ihr Ideal hängt, die christliche an Jesus.

Für Suso war der Zielpunkt des Strebens die göttliche Weisheit, die als erstes Werk Gottes in den salomonischen Sprüchen gepriesen wird, die vor Gott spielte, ehe er die Welt schuf, und durch die er sie schuf. Sie ist auch Inbegriff der Schönheit, und deren irdischer Repräsentant ist die Weiblichkeit. Im Glauben mit dieser göttlichen Weisheit durch Gottes Gnade vermählt zu sein, nennt er sich Amandus, d. h. Liebenswerth und ruft aus: Von einer königlichen Hochzeit komme ich, vom Tranke des himmlischen Weines bin ich trunken, eines hochzeitlichen Lagers theilhaftig geworden, bin ich froh, ... der allerhöchste König hat mir seine Freundin und Geliebte, die ewige Weisheit, als eine Braut vermählt, ... Und als die hohe göttliche Braut den geringen Schüler der Weisheit in seiner Abgeschiedenheit besucht hatte, und er in den Armen ihrer Liebe entschlummert, dennoch auf dem Lager in seinem Herzen wachte und auf andrer Heil in gleicher Weise bedacht war, da sprach die Braut zu ihm: Von dir soll ausgehen der, in dem alle Völker gesegnet werden! Genes. 22, 18. Hier verbindet sich die Allegorie der Sprüche 8, 22 und das Wort des hohen Liedes 5, 2: Ich schlafe, doch mein Herz ist wach"[14]).

Wie ähnlich diese Aeusserungen verzückter Phantasie denen der Orientalen sind, das leuchtet noch mehr ein, wenn man liest, was Suso an einer andern Stelle die Weisheit sagen lässt: „Ich bin der Wonnethron, meine Augen sind so klar, mein Mund so zart, meine Gestalt so schön, so wonniglich geziert mit lichtem Gewand, so feinlich umgeben von allen blühenden

Farben der lebenden Blumen: in seliger Lust sind die Augen der Engelscharen in die meinen gesenkt. Wohl dem, der in den Freudentanz in des Himmelreichs Wonne an meiner schönen Hand ewiglich treten soll .... So verschwimmen die Lieben, von meiner süssen Minne umgeben in das ewige Ein ohne Bild und Wort und werden geflösset in das Gut, aus welchem sie geflossen sind". Und ganz an den Ton des Volksliedes klingt es an, wenn er spricht: „Alldieweil Lieb bei Lieb ist, so weiss Lieb nicht, wie Lieb lieb ist; wenn aber Lieb von Lieb scheidet, empfindet erst Lieb, wie lieb Lieb war" [15]).

Wie Suso, so empfanden und schilderten auch seine deutschen Vorgänger: die himmlische Freude wird, wie bei Hâfis Zuhra (Venus als Planet) mit dem Messias tanzt, als ein Reigen geschildert, den Jesus führt. Den östlichen Ueberschwenglichkeiten, in welchen sich die Intensivität des Gefühles genug zu thun strebt, kommen die westlichen ganz gleich. So spricht Gott zur Seele in einem Gedichte:

> Mein Herzenslieb, mein Königin,
> Mein Turteltaub, mein Kaiserin,
> Du bist sehr genaturt in mir,
> Dass nichts ist zwischen mir und dir.

Auch das sich Entselbsten der Morgenländer hat in der Gelassenheit Eckehards sein Aequivalent, ein Dichter nennt es „Entwerden", er sagt:

> Wollt ihr wissen, wie ich von Bilden[1]) kam?
> Da ich die Einigkeit in mir vernahm.
> Da ist rechte Einigkeit,
> Wenn mich entsetzt nicht Lieb noch Leid:
> Ich bin entworden.
>
> Wollt ihr wissen, wie ich vom Geiste kam?
> Da ich nicht dies noch das in mir vernahm,
> Nur blosse Gottheit ungegründet;
> Da mocht ich länger schweigen nicht, ich musste künden:
> Ich bin entworden.

---

[1]) D. h. aus der Körperlichkeit.

Seit ich also verloren bin in dem Abgrunde (der Gottheit)
Da mocht ich länger reden nicht, ich ward ein Stummer:
Also hat mich die Gottheit klar
In sich verschlungen — —
Ich bin entsetzet [16]).

Die Idee des Vergottetwerdens, die der Dichter als ein in die Gottheit verschlungen sein bezeichnet, ist dem Osten gleichfalls nicht fremd, der Sufi Hallâdsch sagte: Ich bin Gott (ana elhaqq), und wurde dafür getödtet, wie einer der Anhänger des Amalrich von Bena, als er verbrannt werden sollte, erklärte, er könne nicht verbrannt werden, denn sofern er sei, sei er Gott, die Materie aber sei nichts, worin sich Reminiscenzen aus Scotus Erigena erkennen lassen [17]). Auch eine mystische Frau, die Eckehard vorführt, wird nach unsäglichen Schmerzen in ein göttliches Licht versetzt, Himmel und Erde wird ihr zu enge, sie ruft aus: Ich bin Gott worden. Hase, Kirchengeschichte II 473.

Um mich für die romanische Mystik nicht in Einzelheiten zu verlieren, verweise ich nur auf Liebner's Hugo à St. Victore und erinnere an das wundervolle Gedicht Franz' von Assisi an den Bruder Sonne, der Sonne, Wind und Feuer als seine Brüder, Mond und Wasser als seine Schwestern fühlt, und dem die Erde die Mutter ist, la quale ne sostenta et guberna et produce diversi fructi et coloriti fiori et herbe.

Deutlicher aber tritt das specifisch Mystische in Jacopone da Todi heraus [18]), wenn er dichtet:

In foco amor mi mise,	In Gluth mich Liebe senkte,
Lo mio sposo novello,	Mein Bräutigam jung erblühend,
Quando l'anell mi mise	Als er den Ring mir schenkte:
L'agnello amorosello.	Das Lamm in Liebe glühend
Poi in prigion mi mise	Den Stahl ins Herz mir senkte,
Ferito d'un coltello:	Mit Banden mich umziehend:
Tutto 'l cor mi divise:	Der Brand das Herz mir sprengte
In foco amor mi mise.	In Gluth mich Liebe senkte.
Amor, de caritate,	O Lieb, aus Liebe künde,
Perche m' hai si ferito?	Warum mich so verwunden?
Io cor tutt' ho partito	In Liebesgluth geschwunden
Et arde per amore.	Mein Herz und all mein Leben.

Por te amor me consumo languendo Et vo stridondo per te abrazare.	Dich zu umarmen ist all mein Verlangen, Nach dir nur schmachte ich mit sehnsüchtigem Wähnen
Quando te parti, si moro vivendo Sospiro et plango per te retrovare.	Weichst du von mir, so leb ich todumfangen, Bis ich dich finde, muss ich seufzend stöhnen.

Darauf erwidert dann Jesus:

Ordena questo amore tu que m' ami. Non é virtù sanza ordene trovata.	Bändige der Minne Gluth, die dich verzehrt, Nicht ohne Mass kann Tugend mich erfreuen!

Aber die Seele antwortet:

Christo lo core si tu m' hai furato Et dici che ad amare ordin la mente: Como, da poi che in te sono mutato, De mi esser pò remaso convenente?	Christus, mein Herze hast du mir entrungen, Und sprichst, dass ich nach Mass mein Leben richte? Wie kann, seitdem ich ganz in dich verschlungen Uebrig sein von mir selbst noch Ichtesichte?

Weniger von der Christusminne und mehr vom Aufgehen in Gott, vom Einfügen in die von Liebe bewegte Ordnung der Welt, redet Dante seinem philosophischen Grundcharacter gemäss, wenn er an Can Grande schreibt: Et quia, invento principio seu Primo, videlicet Deo, nihil est quod ulterius quaeratur, quum sit Alpha et Omega, idest principium et finis, ... in ipso Deo terminatur tractatus; die Liebe am Schlusse der göttlichen Comödie ist Gott. Dante wird wie von einem Blitze erleuchtet, und in dieser Erleuchtung erreicht sein Geist das Ziel seines Strebens (voglia), aber gegenüber dieser hohen Anschauung fehlt ihm das Vermögen zu schildern, nur das fühlt er, dass dieselbe Liebe, die die Sonne und die übrigen Sterne dreht, auch sein Sehnen und Wollen wie ein gleichmässig bewegtes Rad, sich schwingen lässt:

.... la mia mente fu percossa Da un fulgore, in che sua voglia venne. All' alta fantasia qui mancò possa. Ma già volgeva il mio disiro e il velle, Si come ruota ch' egualmente mossa, L' amor, che muove il sole e l' altre stelle.	Da zuckt es wie ein Blitz durch meinen Geist — Ich war am Ziele der ersehnten Dinge. Hier stand die hohe Phantasie verwaist; Doch Wunsch und Wille folgte freudig gerne So wie ein Rad, das gleichgeschwungen kreist, Der Liebe, die da lenket Sonn' und Sterne. (Bartsch.)

So Dante, der zum Verständniss seiner Comödie selbst sagt, dass sie keinen einfachen Sinn habe, sondern mehrsinnig (polysemos) sei, dass sie, wörtlich verstanden, den Zustand der Seelen nach dem Tode schlechthin schildere, ihrem allegorischen Sinne nach aber darstelle, wie der Mensch durch freies Verdienst oder freie Schuld der lohnenden oder strafenden Gerechtigkeit verfällt. Epistola an Case Grande, Opere minori ed. Fraticelli III P. 514. Diese Erklärung ist auch darum für uns wichtig, weil sie zeigt, dass ein Dichter, wie das Hâfis that, mit vollem Bewusstsein doppelsinnig schreibt.

Wenn ich so in der Lage bin, Ihnen unter einander völlig zusammenstimmende mystische Gedanken vorzuführen, die gleichzeitig im fernen Osten und in Ulm und Constanz, in Köln, Florenz und Paris sich zur Geltung bringen, so wird diese historische Erscheinung noch erstaunlicher, wenn man betrachtet, dass gleichzeitig auch in der griechischen Kirche dieselbe Richtung erscheint, so dass wir es hier mit einer geistigen Tendenz zu thun haben, die keine Grenze der Sprachen, der Civilisation, der Religion, der Volksthümlichkeit achtet, sondern sie alle überspringt, d. h. die gemeinmenschlich ist, wobei nur die Frage bleibt, ob es eine zeitliche oder eine dauernde Tendenz der menschlichen Seele ist. Hier liegt nicht blos ein historisches Problem vor, sondern es steckt hinter diesem in jedem Falle noch ein psychologisches oder anthropologisches, mag die Erscheinung nun eine nur einmalige oder eine continuierliche sein.

Wir verdanken es den Forschungen unseres verewigten Collegen Wilhelm Gass, dass wir das Problem mit einiger Vollständigkeit jetzt formulieren können, denn er hat den Constantinopeler Mystiker Kabasilas an das Licht gezogen, bearbeitet und dabei auch auf die Verwandtschaft seiner mystischen Ausdrucksweise — bei allen sonstigen Differenzen gegen die germanische Mystik der lateinischen Kirche — mit der der deutschen Mystiker Eckehard, Ruysbroek, Suso und des Verfassers der deutschen Theologie hingewiesen[19]).

Die griechische Kirche des vierzehnten Jahrhunderts war, wie bekannt, durch ein mönchisches Theorem bewegt, das seiner Natur nach echt mystisch, in den Athosklöstern entsprang. Dort hatten einige Asketen gefunden, dass sie bei gänzlicher Versenkung in den innern Menschen mit ihrem innern

Auge das ungeschaffene himmlische Licht, die zarteste Ausstrahlung Gottes, sahen, wie es einst auf dem Berge Tabor erschienen war, und sie verlangten nun, dass dies Licht als ein reales Wesen auch kirchlich anerkannt werde. Dieser Wunsch wurde auf vier Synoden 1341—50 behandelt und rief die Frage hervor, ob Gottes Wesenheit von der Wirksamkeit verschieden sei, da die Hesychasten mit ihrem Führer Palamas (so nennt man die Anhänger der Lehre vom ungeschaffenen Lichte) die verschiedenen Wirksamkeiten Gottes „auf unklare Weise halb poetisch, halb philosophisch hypostasierten".

An diesem Streite betheiligte sich Kabasilas in dem Sinne, dass er die ungeschaffenen göttlichen Wirkungen, Kräfte und Gnaden schied und behauptete, durch diese würden die Menschen vergöttlicht, alles zu heiligende geheiligt und besonders die Sacramente, Taufe, Salböl und Abendmahl uns zugeführt. Ohne näher auf den Inhalt seiner Schrift vom Leben in Christus einzugehen, können wir soviel sagen, dass eben diese Betrachtung der Sacramente, die die Griechen Mysteria nennen, den characteristischen Zug dieser Mystik bilden. Damit hängen denn die mystischen Deutungen der Liturgie zusammen, die einen breiten Raum bei Kabasilas einnehmen. Getauft werden heisst das Sein nach Christus empfangen, nachdem der Mensch vorher Nichts gewesen, oder platonisch: das Einprägen des Idealbildes, das in Christus real war, in die Materie. Dies ist die Erleuchtung $\varphi\omega\tau\iota\sigma\mu\acute{o}\varsigma$. — Das Salböl (Myron) ist das Vehikel des Geistes, es verleiht die Energie und die Bewegung. Das Abendmahl bringt die Vollendung in der vollkommenen Umwandlung der Natur, das menschliche Naturleben wird ein Gottleben, es wird mit Gott gemischt, und hier gebraucht Kabasilas den emphatischen Ausdruck „Verwandtschaft" ($\sigma\nu\gamma\gamma\acute{\varepsilon}\nu\varepsilon\iota\alpha$) und „Vermählung ($\gamma\acute{\alpha}\mu\sigma\varsigma$), und nennt Johannes den Brautführer ($\nu\nu\mu\varphi\alpha\gamma\omega\gamma\acute{o}\varsigma$), der Christus den Bräutigam nannte, welcher die Kirche zur Braut hat[20]). Hier haben wir den religiösen Materialismus, die in sich schwelgende Geistleiblichkeit, die für manche Richtungen der Mystik grundlegend ist.

Der sittliche Process, welcher dieser Verchristung oder Vergottung parallel geht, führt zum Wohlgefühl, zur Lust ($\dot{\eta}\delta o\nu\acute{\eta}$), der Freude an Gott als dem Guten, wobei die Seele erst durch völlige Tilgung der Selbstsucht — durch das Entwerden — ganz frei wird. Diese völlige Hingabe des Ich nennt Kabasilas Eros, sie wird ekstatisch, ebenso aber liebt auch Gott den Menschen, und es waltet ein Liebeszauber ($\varphi i \lambda \tau \rho o \nu$) zwischen Gott und Mensch [21]).

Hier ist nun auch die Stelle, an welcher ich der jüdischen Mystik, wenigstens mit einem Worte gedenken muss, denn auch ihr Grundbuch, der Zohar, gehört dem Ausgange des dreizehnten Jahrhunderts an. Sein Verfasser Moses de Leon, ein spanischer Jude, starb in Arevolo 1305; aus der wunderbaren Höhle des Rabbi Simeon ben Jochai kann kein vernünftiges Urtheil das Buch jetzt noch herleiten. Der erste Kabbalist, von dem wir etwas Bestimmtes wissen, ist Nachmanides, der um 1195 in Gerona in Spanien geboren wurde, dessen Bekehrung zur Kabbala aber in fabelhafter Weise erzählt wird, wenn es heisst, ein zum Tode verurtheilter Kabbalist habe durch seine Kunst bewirkt, dass ein Esel an seiner Statt getödtet wurde, und er selbst sei in das Haus des Nachmanides gekommen, und habe ihn für seine Weisheit gewonnen. Der gleichen Zeit gehört auch Todros Abulafia 1234—1305 an, der Gründer der kabbalischen Schule von Segovia, und Abraham Abulafia 1240—1292, der sich 1284 für den Messias erklärte und die Erlösung Israel's auf 1296 setzte [22]). Auf das Unendliche (Ên Sôf), die zehn Sphären, die es mit den Sinnlichen vermitteln u. s. w., kann hier nicht eingegangen werden. Die mystische Liebe hat der Zohar auch entwickelt [23]).

Und so haben wir denn gleichzeitig im Osten, im Westen und in der Mitte dieselbe uns so seltsam berührende erotische Ausdrucksweise, die uns vor die Frage nach der Quelle stellt. Denn das andere Problem, das psychologisch-anthropologische, lassen wir bei Seite, indem wir uns begnügen, anzudeuten, dass wenn in der Beschaffenheit der Seele nicht ein unausrottbares metaphysisches und religiöses Streben wohnte, das sich thatsächlich durch kein Studium und keine Stufe wissenschaftlicher Einsicht wirklich und auf die Dauer befriedigen lässt, es unbegreiflich wäre, dass der mystische Sprung in das Absolute immer wieder unternommen wird.

III.

Für die lateinische Kirche ist die Geschichte der Mystik vor und nach dem vierzehnten Jahrhundert genügend bekannt, sie beruht auf den Schriften, die man fälschlich mit dem Namen des Dionysius des Areopagiten benennt, den die alten Theologen für einen Schüler des Paulus erachteten, während die neueren die Abfassung dieser Pseudepigrapha meist dem fünften christlichen Jahrhundert zuweisen. Wie für die Abendländer, so ist er auch für Kabasilas grundlegend gewesen, was der Augenschein lehrt, obwohl die Geschichte der byzantinischen mystischen Speculation noch nicht genügend erforscht ist.

Die leitenden Gedanken sind kurz folgende: Alles Sinnliche ist nur ein Gleichniss für das Uebersinnliche, und so ist die irdische Hierarchie ein Abbild der himmlischen, der sie, so weit es möglich ist, gleich werden soll. Sie soll sühnen (καθαίρειν), erleuchten (φωτίζειν), vollenden (τελεσιουργεῖν) und zu Gott führen, dessen Wesen durch nur negative Bestimmungen beschrieben wird, welchen durch Zusammensetzung mit der Partikel „über" der Schein des Positiven ertheilt wird. Gott ist übersciende universale Ursache von allem, und der übergute hat Alles zur Gemeinschaft mit sich berufen, so dass Alles an ihm Theil hat. Um ihn sind neun Engelklassen in drei Hierarchien getheilt. Dies hat Dionysius von einem göttlichen Mystagogen (ἱεροτελεστής) erfahren, den wir gleich näher kennen lernen werden, sein Name ist Hierotheos. Er beschreibt dann die besonderen Functionen dieser Engelshierarchien[24]).

Die irdische Hierarchie bildet die himmlische ab, sie spendet durch die Taufe eine geistliche Geburt und Erleuchtung, so dass hier die Wurzel für die mystische Deutung der Sacramente bei Kabasilas liegt, in welcher ihm Pseudodionysius vorangegangen ist[25]). Durch das Abendmahl, die Weihe der Weihen (τελετῶν τελετή) erfolgt die Vollendung, und ihm ähnlich ist das heilige Salböl, das auch Kabasilas erörtert hat, der ihm auch weiter in der Symbolisierung der priesterlichen Rangordnung verwandt ist.

Gott wird nun als gut und übergut, ἀγαθός und ὑπεραγαθός geschildert und als das intelligible Licht (φῶς νοητόν), das die Geister ausser ihm erleuchtet und sie zu dem wahrhaft Seienden (ὄντως ὄν) zieht. Er ist auch die vollendete Schönheit ohne Wechsel und Verminderung, durch ihn ist alles übrige Schöne schön, er ist es, um den sich alle göttlichen Intelligenzen (θεῖοι νόες) kreisförmig drehen — man denke des mystischen Tanzes, — denn Dionysius lässt ausdrücklich die kreisförmige Bewegung der Seele ihre Einkehr in sich selbst sein, wodurch sie in sich eins geworden, zu dem Guten und Schönen gelangt, resp. sich selbst hinführt [26]). Hiernach streben aber alle und dies Streben ist ein Eros, eine ekstatische Liebe, die nicht zulässt, dass die Liebhaber sich selbst angehören, sondern den Geliebten zu eigen werden [27]). Durch diese Liebe geräth aber auch Gott selbst ausser sich, so weit wagt es unser Mystiker in seinen Behauptungen zu gehen, indem er dem Hierotheos folgt, aus dessen Liebeshymnen er nun (De dion. nom. 4, 15—17) einige Stellen anführt, unter denen die wichtigste die ist, dass die Liebe vom Höchsten zum Geringsten und von ihm zum Höchsten geht und somit alles umfasst. Ausserdem nennt er von ihm seine Elemente der Theologie Στοιχειώσεις θεολογικαί.

Diese materielle Universalität der Liebe führt zu der Consequenz, dass es kein Böses gibt, denn Alles steht im Liebesverhältniss zum Uebergute, und wirklich leugnet Dionysius das Böse, es existiert weder in dem Seienden, noch in dem Nichtseienden, und ist von diesem noch ferner als von dem Seienden [28]). Es gibt kein Böses, es ist nicht einmal privativ, sondern es entsteht aus vielen Theildefecten. Gott weiss das Böse als Gutes, und für ihn sind die Ursachen der Uebel wohlthätige Kräfte, ein intelligibles (ἀΐδιον) Böses hat neben Gott keinen Raum, es ist per accidens (κατὰ συμβεβηκώς).

So bleibt denn nichts als Gott übrig, er ist Alles in Allem, Alles ist eine Emanation aus ihm [29]), was weiter zu verfolgen für uns zwecklos ist, da wir nun die Unterlage für die mystische Theologie haben, wie Dionysius sein letztes Schriftchen genannt hat. Dass dies alles aber mit den biblischen Lehren nur auf den Schleichwegen antiker Auslegung, durch Willkür und Allegorie in Zusammenhang gesetzt werden kann, das leuchtet ein, wie auch, dass das specifisch Christliche, das Werk Jesu und die Trinität[30]) ganz zurücktritt. Wir haben einen Neuplatoniker vor uns.

In der mystischen Theologie lehrt er dann, dass nur durch Aufgeben alles Wahrnehmens und Denkens, alles Sinnlichen und Intelligibeln, alles Seienden und Nichtseienden, mit aller Anspannung, ohne Wissen, zu der Vereinigung mit dem über allem Wesen und Erkenntniss seienden Absoluten aufgestiegen werden kann, dass nur die Ekstase den Zutritt zu dem überseienden „Strahle des göttlichen Dunkels" vermitteln kann[31]), denn er hat das Dunkel zu seiner Hülle gemacht, so citiert Dionysius Ps. 18, 12. Und wenn wir endlich fragen, was hinter jener Hülle steckt, so verendet die Mystagogie mit lauter Verneinungen: Gott ist weder Seele noch Vernunft, er hat weder Vorstellung noch Meinung, noch Vernunft oder Denken, er ist nicht ein Logos ... nicht Ordnung, Grösse, Kleinheit, Grade, Ungrade, ... er steht nicht, bewegt sich nicht und ruht nicht, ... es ist weder positiv noch negativ etwas von ihm auszusagen, als dass er die einheitliche und transcendente Ursache des All's ist. — Das ist das Ergebniss des metaphysischen Bestrebens, das sich durch Negation und Eminenz kritisch im Zaume hält, und zugleich, weil es das Ethische ignoriert, zu vollkommener Entleerung führt.

Nun beansprucht aber unser Schriftsteller selbst gar nicht, dass man ihm diese Lehre zuschreibe, sein Meister war Hierotheos[32]), und wenn wir diesen finden können, dann erst sind wir an der wahren Quelle der christlichen Mystik, von der wir uns fragen müssen, ob und wie sie mit der mohammedanischen — und ich setze hinzu mit der jüdischen, die wieder eine besondere Form hat, zusammenhängt.

Und Hierotheos ist gefunden, und zwar in der von den Unkundigen nicht gewürdigten, von den Sachkundigen aber als unschätzbar gepriesenen syrischen Litteratur, der wir die meisten und bedeutendsten Funde auf altkirchlichem Gebiete zu danken haben, welche in den letzten Jahrzehnten gemacht sind.

Ein Zeitgenosse des Philoxenus von Mabogh († 523) und des Jacob von Serug (451—521) war es, der das Buch des Hierotheos geschrieben hat, wir besitzen das Buch sowohl, als die Briefe der genannten Bischöfe, den des Jacob an ihn, den des Philoxenus über ihn; sein Name ist Stephan bar Sudaili (d. h. Jage Gazellen)[33].

Er hatte Edessa verlassen und sich in die Nähe von Jerusalem begeben, von wo aus er durch Abgesandte seine Bücher, die eine von Philoxenus als frevelhaft und thöricht bezeichnete Lehre ausbreiten sollten, heimlich nach Ostsyrien zu senden versuchte. Die Lehre bestand darin, dass er sagte: Jede Natur ist dem Absoluten naturverwandt. — Das aber ist echt mystische Häresie. — Hierdurch werde, so entgegnet Philoxenus, die Sünde freigegeben, die Taufe und die Spendung der göttlichen Mysterien (Abendmahl und Salböl?) nichtig, und die Trinität aufgehoben, die auch bei Dionysius nicht zu rechter Bedeutung kommt, wie wir schon bemerkt haben. Aus der Polemik des Jacob von Serug geht dann noch hervor, dass er die ewigen Höllenstrafen geleugnet hat, was das Bild des mystischen Pantheismus vollendet[34]). Ausser diesem Hauptvorwurf werden dann dem Bar Sudaili noch seine Judaistischen Neigungen vorgehalten, — auf die ich auch seine mystische Deutung der Wochentage: Freitag = diese Welt, Sabbat = Ruhe, Sonntag = ewige Vollendung, in letzter Instanz zurückführen möchte, — es wird seine Ansicht, dass die Prophetien Träume seien, was wohl heissen soll, im Traume empfangen sein, und die Behauptung, dass er selbst in Ekstase Gesichte erhalte, als arrogant abgewiesen. Ausserdem erfahren wir, dass Bar Sudaili mit einem ägyptischen Mönche Johannes in seinen Lehren zusammentraf, und dem Evagrius Ponticus ein Theorem entlehnte.

Ueber eben diesen Bar Sudaili berichtet nicht nur der grosse Gelehrte Barhebraeus († 1286), der dasselbe Exemplar vom Werke des Hierotheos besessen und hergestellt hat, das jetzt im britischen Museum liegt, sondern schon der Patriarch Cyriacus von Antiochien (793—817), das Buch des Hierotheos sei von ihm verfasst; und dasselbe behauptet Johannes von Dara, der zwischen 700—850 blühte. Sein Zeugniss ist um so bedeutender, als er selbst dem mystischen Kreise angehört und über die Bücher von der himmlischen und kirchlichen Hierarchie einen Commentar geschrieben hat, übrigens auch dem Hierotheos untergeschobene Schriften als unecht abweist. Assemani Bibliotheca orientalis II P. 120. — Aus der Sprache des Buches ergibt sich, dass es original syrisch war, und dass es mit der Fiction eines Verfassers Hierotheos zusammenhängt, wenn es für eine Uebersetzung aus dem Griechischen sich ausgibt. Spuren eines griechischen Textes sind bis jetzt nicht gefunden, umgekehrt aber ist in einer syrischen Handschrift eine Stelle des Dionysius dem Hierotheos, also dem Bar Sudaili, beigelegt [36]).

So begründet sich der Schluss, dass der ekstatische Lehrer des Dionysius, der Verfasser der Elemente der Theologie und der mystischen Hymnen auf die Liebe Niemand war, als der häretische Stephan etwa um 510, und dass zwischen dieser Zeit und 533 die Werke des Dionysius auf Grund der Mystik des Bar Sudaili hergestellt und schon in derselben Zeit von dem Archiater Sergius in das Syrische übersetzt wurden, ein keineswegs allein stehendes Beispiel litterarischer Betriebsamkeit in der syrischen Litteratur.

Hier aber eröffnet sich uns eine bedeutende Perspective auf die innere Geschichte der griechischen und orientalischen Kirche. Der Pantheismus des Stephan Bar Sudaili entspricht einer Grundstimmung der griechischen Theologie, welche durch Christus neues Leben, d. h. **Unvergänglichkeit in das Vergängliche** gebracht sehen wollte. Stephan denkt dies stofflich irgend wie emanatistisch vermittelt, weil er nach dem Wie dieser Mittheilung des Unvergänglichen fragt. Das aber führt nothwendig zum Pantheismus, an den ältere griechische Lehrer hart anstreifen. Schon Gregor von Nyssa redet, wo „er philosophiert vom geschichtlichen Christus wenig oder nicht, der Kosmos ist ihm Gottes voll, und weil er ist, ist er in Gott. Die Menschwerdung des Logos ist nur ein Specialfall aus der Allgegenwart des Göttlichen in der Schöpfung." Die legitimen Erben dieser Theologie sind die Monophysiten, aber die consequente Durchführung ihrer Grundstimmung musste sie mit Elementen der kirchlichen Tradition, die nicht preisgegeben werden sollten, in Widerstreit bringen. Ein solcher consequenter Weiterbildner der Grundanschauung — anders ist es nicht zu erklären — war Stephan, der darum auch von den Häuptern des Monophysitismus wie Philoxenus abgewiesen wurde, die den Specialfall der materiellen Einigung von Gottheit und Menschheit in Christus nicht auf die ganze Menschheit oder Welt ausgedehnt wissen wollten.

In den Streitigkeiten der monophysitischen Partei der Severianer, welche gegen die Orthodoxen theopaschitisch behaupteten, einer aus der Dreieinigkeit sei gekreuzigt, werden die Schriften des Dionysius bei einem Religionsgespräch in Constantinopel 533 zuerst von Monophysiten benutzt, von den Orthodoxen aber als Fälschung abgelehnt, und der Monophysit Severus von Antiochien († 539) hat dem Dionysius seinen Ausdruck „gottmenschliche Wirkung" entlehnt, kurz Dionysius und Stephan sind Producte der monophysitischen Richtung und ziehen die letzten Consequenzen[36]). Ist aber, wie die syrischen Monophysiten (Barhebraeus) noch wissen, Stephan der Verfasser des Werkes, das unter dem Namen des Hierotheos gieng, dann muss der entlehnende Autor der Dionysiana sein Zeitgenosse sein. Doch unser Ausblick führt auch auf Aegypten, dessen monophysitisch gesinnte Mönche auf dem Concil von Chalcedon 451 baten, ihren alten Glauben zu erhalten und sie gegen die Neuerungen der später sogenannten Orthodoxen zu schützen. Denn Stephan Bar Sudaili traf in seinen Lehren mit einem ägyptischen Häretiker Johannes zusammen (Frothingham P. 32). In der That finden wir auch schon bei Macarius († 393) die mystische Liebessprache ausgebildet, zu deren rechtem Verständniss er mahnt[37]). Diese ganze Bewegung muss aus den Heiligenleben der Kopten und denen der Monophysiten erforscht werden, von jenen ist noch wenig bekannt, über diese geben die von Land (Anecdota syriaca II) veröffentlichten Biographien für das, was uns hier interessiert, leider wenig Ausbeute.

Die mystische Secte, deren Evangelium der durch Dionysius abgeschwächte Bar Sudaili ist, hat es an Missionseifer nicht fehlen lassen, ähnlich wie wir das in unserm Jahrhundert bei den persischen Babi's gesehen haben. Die Werke des Pseudoareopagiten wurden eingehend commentiert, Scythopolis in Palästina scheint ein Centrum dafür gewesen zu sein[38]), und im neunten

Jahrhundert müssen diese Studien besonders geblüht haben, denn aus ihm datieren prächtige Handschriften mit Erklärungen, die die des Maximus schon benutzen, und in ihm ereignete sich das Wunderlichste von allem.

Wie erklärt sich ohne die Annahme einer thätigen Propaganda für diese akosmistische Mystik die Thatsache, dass in derselben Zeit, in der in Scythopolis die Handschriften für Edessa gefertigt wurden (804 und 837), der byzantinische Kaiser Michael II., der Stammler, 820—829 auf den Einfall kommt, den griechischen Text des Areopagiten im Jahre 827 als Geschenk an Ludwig den Frommen zu schicken? Hängt es mit den Wandlungen im Bilderstreite zusammen, da es einen schärferen theoretischen Gegner des Bilderdienstes als unsere Mystiker gar nicht geben kann? Niemand vermag auf solche Fragen jetzt Antwort zu geben, gewiss aber ist, dass die Wirkung dieses litterarischen Geschenkes eine ausserordentliche gewesen ist, denn hierdurch wurde in das Abendland der Same der speculativen Mystik gesäet, obwohl zunächst Niemand das Griechische übersetzen konnte.

Aber der rechte Mann fand sich, Karl der Kahle liess den Dionysius durch Johannes Scotus Erigena, so gut es dieser vermochte, latinisieren, auch die Scholien des Maximus wurden beigefügt und etwa um 850 war Dionysius vom Tigris bis zum atlantischen Meere bekannt[39]). Der Uebersetzer wurde auch der Adept der Lehre und ihr Commentator, er wurde der Vater mystischer Speculation in Gallien, das in Dionysius seinen Apostel zu empfangen glaubte. Diese abendländische Entwicklung bis Suso und Ruysbroek lassen wir auf sich beruhen, nur die pikante Ironie der Geschichte wollen wir nicht vergessen anzumerken, dass die Säule der Scholastik, Thomas von Aquino, wie er dem spanisch-jüdischen Philosophen Maimonides seine Lehre vom Prophetismus entlehnt hat, so in zahllosen Stellen seiner Summa den Areopagiten als seine höchste Autorität verwendet, so dass in letzter Instanz der syrische Häretiker Bar Sudaili in den Clericalseminarien noch heute als massgebend nachwirkt[40]).

IV.

Im Beginne unserer Betrachtung sind wir auf die Identität vieler charakteristischer Züge der christlichen und der mohammedanischen Mystik gestossen. Wir haben mit Zurückschiebung des psychologisch-anthropologischen Problems uns die Frage nach der historischen Quelle gestellt. Für die christliche Mystik haben wir sie gefunden, ist aber nun auch die islamische Mystik aus derselben Quelle abzuleiten? Oder welche Zusammenhänge mögen da gewaltet haben?

Ich habe bisher nur den Perser Hâfis besprochen, der mir den Anknüpfungspunkt bot; lassen wir die spätere Entwicklung, die Dschâmi repräsentiert gehen, dessen Jusuf und Zaliha trotz des gegentheiligen Scheines mystisch verstanden werden soll[1]), und blicken wir rückwärts, so ist über die Poesie des Dschelâl-eddîn Rumi † 1271 und des Ferîd eddîn Attâr † 1229 als vollständig mystisch kein Zweifel. Schwieriger und darum interessant ist die des berühmten Astronomen Omar khajjâm † 1123. Hat man aber begriffen, dass der mystische Akosmismus ebenso wohl zum phantastischen Selbstaufgeben als zum sittlichen Indifferentismus führen kann und muss, so wird Omar verständlich, er ist eine Doppelnatur, je nach Stimmung bald in Adoration versunken, bald Libertin, in Wahrheit gegen die positiven Religionen indifferent, ein Geist, den man nicht besser charakterisieren kann, als Whinfield es in Versen von M. Arnold gethan hat:

> . . . . „A mind
> Not wholly clear, nor wholly blind,
> Too keen te rest, too weak to find,
> That travails sore, and brings forth wind.

Einmal sagt er:

> Zu Dir (Gott) im Weinhaus mystisch flüstern
> Ist besser als im Tempel beten ohne dich,
> Du dein eignes erstes und auch letztes Werk!
> Willst du, so verbrenne mich, — willst du, so liebe mich!

Dann wieder sagt er:
>Du bist bedrückt, so nimm ein Korn Haschisch,
>Nimm einen Schluck vom rosenfarbnen Wein!
>Du sagst als Sufi, meid' sich dies und das, —
>In deiner Speis' ist Stein, — dann iss den Stein!

Schliesslich aber sagt er auch:
>Pagod' und Kaba ist des Frommen Statt,
>Der Glockenklang des Frommen Melodie,
>Des Parsen Gürtel, Kirche, Rosenkranz und Kreuz
>Sie alle sind fürwahr des Frommen Zeichen.

Und endlich ist alles Nichts:
>Wir sind Schachfiguren, der Himmel der Spieler,
>Nicht in bildlichem Sinne, sondern in Wahrheit;
>Sobald wir ausgedient haben auf dem Schachbrett des Seins,
>Kommen wir in den Kasten der Vernichtung jeder einzelne zurück.

Und dabei ist zu beachten, dass der Kasten, senduq, auch der Name für den Sarg ist.

Und ganz pantheistisch lautet seine Meinung:
>Du fragst, was diese vergängliche Seele ist; —
>Wollte ich es ganz wahrheitsgemäss sagen, so wäre es lang; —
>Sie ist ein Hauch, der aus einem Meere aufgestiegen,
>Dann wieder in des Meeres Abgrund sinkt [42]).

Alles dies beruht aber auf einem eigenen philosophischen Systeme oder steht in engem Zusammenhang damit, und so verschieden die Modificationen sein mögen, die ihm Zeit, Ort und Mensch gegeben haben, die wesentlichen Grundzüge sind dieselben. Die Summe der Lehren [43]) ist diese:

Vorausgesetzt wird die aristotelische Psychologie in der Modification des Avicenna, die eine Stufenfolge von physischer Seele, Pflanzenseele, animalischer und himmlischer Seele behauptet, wobei die höhere jedesmal die niedrigere als Substrat oder Voraussetzung hat. Diese Lehre berücksichtigt auch Thomas von Aquino Summa I Quaest. 77. Die Seele hat dann sieben quasi moralische Stufen, sie ist gebietend, tadelnd, inspirierend, ruhig, zufrieden, Gott wohlgefällig, endlich vollkommen, was die Stationen des Entwicklungsganges von dem rein thierischen Sensualismus durch verschiedene Stufen bis zur mystischen Hingebung darstellt. Dabei ist der Mensch der Mikrokosmus, der dem Makrokosmus entspricht, beide führen auf Gott und sind Beweise für dessen Dasein. Seine Offenbarungsstätte aber ist das Herz.

Die geschaffene Welt ist nur Abbild der Welt des Befehles, die durch das göttliche Wort: Sei (kun) entstand. Dies ist die Welt der Ideen, durch die vermittels der Materie die Welt der Zeit geworden ist. In diese Zeitwelt ist durch das Sei (kun) eine Kraft gesenkt, die der Materie und der Zeit nicht bedarf, und ein Leben in's Dasein getreten, welches selbst göttlich und ewig ist. — Hiernach versteht man den Sinn der Worte des Attâr:

  Als Vogel entflog ich dem himmlischen Zelt,
  Um Beute zu jagen auf irdischem Feld,
  Und da sich kein Gottesfreund zu mir gesellt,
  Entfliehe ich wieder der irdischen Welt[44]).

Die Welt ist ein Jagdgrund für das Absolute, jedes Ding ist eine Erscheinungsstätte und ein Spiegel der Wahrheit. Aber es gilt sich von dieser Welt zu lösen.

Die Realwelt besteht nur durch die Idealwelt, ein Moderner könnte sagen, sie besteht nicht durch die Materie, sondern durch das mit der Materie verbundene Gesetz, das Vernunft, das Geist ist. Kein Atom hat an und für sich Existenz. Der einzige wirklich Handelnde ist Gott, er ist actus purus. Darum ist dem Wanderer auf dem Wege zu Gott, — denn so nennt sich der Sufi — vor allem nöthig, dass er sein eigenes Handeln aufgibt, dass er, was er thut, nicht als sein, sondern als Gottes Thun ansieht, dass was er anschaut nicht die Dinge, sondern Gott ist. Der Scheich Bajazid sagte: „Seit dreissig Jahren habe ich in diesem Kreise nur mit Gott gesprochen, die Leute meinen, ich hätte mit ihnen gesprochen." Das heisst doch wahrlich die Dinge sub specie aeterni sehen[46]). Dies ist die Anfangsstufe für den Sufi: Das Nichtsein in den Handlungen, el fenâ fi 'laf?âl.

Nun hat aber Gott, wenigstens nach menschlicher Auffassung, verschiedene Eigenschaften (sifät), die in der menschlichen Brust ihren Schauplatz (mat'har) finden. Das führt uns zur zweiten Stufe, die darin besteht, dass der Sufi alle aussergöttlichen Eigenschaften in sich zerstört, so dass nur die göttlichen an ihm bleiben, und dies ist das Nichtsein in den Eigenschaften, el fenâ fi'lsifât. Da nun aber die Annahme einer Verschiedenheit göttlicher Eigenschaften nur ein menschlicher Irrthum ist, so sieht der Erleuchtete im Spiegel seines Herzens keine Eigenschaften mehr, sondern Gott selbst und alle Hüllen sind verschwunden, denn Gott ist gar nicht verhüllt, wohin das Auge blickt, da ist er, nur dass seine Schönheit unser Auge blendet.

Ist aber Gott Alles in Allem, so hat daneben nichts Existenz, das Fürsichsein ist eine Sünde, mit der keine andere verglichen werden kann, und darum muss auch jenes Nichtsein der Handlungen und der Eigenschaften für den Sufi verschwinden, so dass das Ende seiner Wanderung das Vernichten der Vernichtung ist, ein „Entwerden", bei dem das Selbstbewusstsein aufhört, das abendländische Mystiker retten wollen[47]). Das ist die Vereinigung der Vereinigung, die Wahrheit der Wahrheiten, das heisst bei ihnen Tauhîd, d. i. Eins werden mit der Substanz Gottes, während für die rechtgläubigen Mohammedaner Tauhîd bedeutet: Gott als den einigen bekennen.

Nehmen wir hierzu noch die allen Derwischorden gemeinsame Lehre, dass man sich einen Scheich oder Meister, der in seinem Kreise ist wie ein Prophet in seinem Volke, anschliessen und ihm in der Regelung des Lebens und den asketischen Uebungen unfehlbar gehorchen muss, so haben wir bis auf einen Punkt das Wesen des moslimischen Sufismus erschöpft, der wie der Augenschein lehrt, mit dem abendländischen in allen Hauptsachen zusammenfällt. Dieser letzte Punkt aber betrifft für beide Theile einen Zusatz, der sich aus dem philosophischen System nicht erklärt, sondern aus der positiven Religion hinzugekommen ist, nämlich die Person Muhammads bei den Einen, die Jesu bei den Andern. Beide sind für ihre Kreise die Träger des Ideals geworden, und von Mohammad sagt ein Sufi Aehnliches wie ein Christ von Jesus sagt. Den Beweis liefert die Behauptung, dass wer die

Seele Mohammads kennt, in Wahrheit die Eigenschaften Gottes kennt, denn die Seele Mohammads ist ein Spiegel, worin die Eigenschaften der Ewigkeit und das Wesen der Einheit sichtbar werden, wie dann Mohammad selbst gesagt haben soll: „Wer mich gesehen hat, der hat Gott gesehen." Ich setze dazu die Lehre Attar's aus dem mystischen Gedichte „Die Vogelrede" Vs. 257: „Sein Licht war das Ziel der Geschöpfe, er war die Wurzel des Nichts und des Seienden, als Gott dies absolute Licht gegenwärtig sah, schuf er aus seinem Lichte hundert Lichtmeere; um seiner selbst willen schuf Gott diese reine Seele, und um ihretwillen schuf er die Welt, die Schöpfung hat ausser ihm kein Ziel" [48]).

Zeigt sich uns hier, dass die Einbeziehung des specifisch Muhammedanischen ebenso wie die des Christlichen in das System auf geschichtlichem Zufalle beruht und ein Accidenz ist, so müssen die Wurzeln des Systems jenseits des Christlichen und des Mohammedanischen liegen, sie sind älter, sie sind griechisch.

Wie aber kamen diese Lehren in den Islâm?

Schon Ibn Chaldûn scheidet in seinen Prolegomena III P. 72 eine ältere Mystik von einer jüngeren, nähere Einsicht in die ältere bekommen wir aber erst durch das Sendschreiben des Abu 'lqâsim Abd el kerîm ibn Hawâzin von Nisabur, der unter dem Namen Elqoschairi bekannt, im Jahre 1072—1073 starb. Dies Sendschreiben ist ein Grundpfeiler des Sufismus, es ist 1046 geschrieben [6*]) und vielfach bis in unsere Zeit hinein commentiert worden. Die Veranlassung für die Abfassung des Werkes gab ihm der Umstand, dass er den Abstand der mystischen Theosophie vom rechtgläubigen Islam fühlte und als echter Vermittlungstheologe ihn zu beseitigen suchte, wobei er sich des alten Mittels bediente zu behaupten, dass die anfänglich reine Mystik im Laufe der Zeit heterodox geworden sei, oder wie er es mit einem Verse eines alten Dichters symbolisch bezeichnet:

    Die Zelte gleichen zwar den alten Zelten,
    Doch wohnen andre Frauen jetzt darin.

So soll denn die jüngere Sufigeneration verdorben sein und die Riten des Fastens und Betens vernachlässigt haben, indem sie sich auf Grund ihrer vermeintlichen Vereinigung mit Gott von der Befolgung seines Gesetzes löste und sein Joch brach, was dann die Veranlassung gibt, die Sätze der alten Sufi's mitzutheilen und ihren orthodoxen Charakter zu beweisen.

Hier aber hat bei der Benutzung dieses vielleicht ältesten Werkes über Sufibiographien, deren später so viele geschrieben sind, die Kritik einzusetzen. Nicht die vermittelnden Deutungen des Verfassers, sondern die eignen Sätze dieser Theosophen sind in Betracht zu ziehen, wobei ich mich hier auf die ältesten beschränke, die uns wieder auf das Jahr 800 führen, in welchem wir die Propaganda für den Areopagiten fanden. Ist das nun wieder blos Zufall, oder hängt es mit den Bewegungen in Chorasân zusammen, die zum Sturze der Ommajaden führten?

Das Hauptgebet des ältesten, des Ibrahim ibn Adham lautete: „O Gott trage mich aus dem verächtlichen Zustande der Empörung gegen dich in die Herrlichkeit des Gehorsams." Hier haben wir die Hingabe des Sufi, der die Gesetzesgelehrten verachtete, denn ein Vers von ihm lautet:

> Gelehrte Schaar du, o du Salz des Landes,
> Was salzt das Salz, wenn Salz ist dumm geworden?

Kannte dieser Mann die Stelle der Bergpredigt? Er stammte aus königlichem Geschlechte, lebte bei Balkh und in Basra und starb 777 p. Chr. = 161 Heg.[43]).

Der äussere Cultus erschien ihm nichtig. Als er einen Mann die Kaaba im frommen Dienste umwandeln sah, da sprach er zu ihm: Du wirst die Stufe der Frommen nicht erreichen, bevor du sechs Pässe überschritten hast. Der erste ist, dass du das Thor des Behagens schliessest und das Thor der Strenge öffnest, u. s. w. bis der letzte Pass bezeichnet wird als Schliessen des Thores der (irdischen) Hoffnung und Oeffnen des Thores der Bereitschaft auf den Tod. — Reif sein ist Alles, so lautet dieser Gedanke bei Shakspere.

Einem andern Sufi, dem Dawud ibn Nosair Gulhuma, der 782 = 165 —6 Heg. in Kufa starb, erschien die Welt als ein Gefängniss, und er hatte die Maxime: Fliehe die Menschen, wie du vor dem Löwen fliehst. Faste d. h. meide die Welt und lass dein Fastenbrechen den Tod sein [50]). Der Chorasâner Elfadîl († 802 oder 804 = 187 oder 189 Heg.) bekehrte sich von seinem Räuberhandwerk, als er beim nächtlichen Uebersteigen einer Mauer um seine Geliebte zu besuchen, eine himmlische Stimme hörte, die ihm die Qorânworte zurief: Ist es nicht für die Gläubigen an der Zeit, dass ihre Herzen im Lobpreise Gottes sich demüthigen? Sur. 57, 15. Nun mied er die Welt wie eine Leiche und war dem heuchlerischen Scheine so feindlich, dass er das schwere Wort aussprach: „Ich wollte lieber schwören, dass ich ein Heuchler bin, als schwören, dass ich kein Heuchler bin." Zu völliger Passivität verurtheilt ihn sein Ausspruch: Um der Menschen willen ein Werk unterlassen, das ist Heuchelei, um ihretwillen ein Werk thun, das ist Vielgötterei. Als sein Sohn starb, lachte der sonst nicht einmal lächelnde Mann und sprach: Wenn Gott etwas beliebt, so beliebt es mir auch [51]).

Geht nun eine solche Ausdrucksweise schon über das Stadium einfacher asketischer Devotion hinaus, so finden wir bei dem etwas jüngern Abu Mahfut' Ma?rûf von Karch († 814—15 = 200—201 Heg.), der von christlichen Eltern abstammte, und seinem Schüler, dem Sari Saqati († 870 = 257 Heg.) die deutlichsten Ausdrücke mystischer Theorie, denn der Lehrer sprach zum Schüler: „Wenn du ein Verlangen an Gott hast, so beschwöre ihn bei mir", und der Schüler erzählte vom Lehrer, er habe ihn im Traume unter Allah's Throne liegen sehen, und Allah habe gesprochen: „Dieser Ma?rûf ist von meiner Liebe trunken und wird nicht nüchtern werden, ausser wenn er mit mir zusammenkommt." Zu solcher auserlesenen Höhe aber kam er nicht durch äussere Religionsübung, durch zuhd oder wara? d. i. Devotion und fromme Scheu, sondern durch Liebe zur Armuth, also durch Weltentsagung. Darum setzte er sich über Fastengebote hinweg, vermachte aber sterbend sein Kleid den Armen, denn nackt wollte er aus der Welt gehen, wie er nackt hineinkam [52]).

Der etwas jüngere Abu Sulaimân Abd errahmân ibn ʾAtiyye eddarâni († 830 = 215 Heg.) aus der Nähe von Damascus bringt uns dazu ausser einer Schilderung der Gottesliebe in den Formen menschlicher Minne auch den sufiischen Ausdruck, dass das Herz ein Spiegel ist, in dem sich alles wiederspiegelt, wenn er poliert ist, aber der Rostfleck des Lichtes des Herzensspiegels das ist die Sattheit des Leibes[53]). Paulus redet von denen, denen der Bauch ihr Gott ist. — Gleichzeitig gebraucht Alhâfi (Abu Nasr Beschr ibn elhârith, alhâfi von Merw, † in Bagdâd 841 = 227 Heg.) den Ausdruck der Geliebte (elhabîb) schlechthin von Gott[54]), und bei Abu Jezîd Taifûr, dem Sprössling einer Magierfamilie († 234 oder 261 oder 264 = 848 oder 874 oder 877) findet sich die volle Bildersprache von Wein und Liebe, die uns bei Hâfis begegnet ist. Einer der Verzückten (mahgʾûbîn) sprach zu ihm: „Ich habe einen Trunk getrunken, nach dem ich nicht wieder gedürstet habe", er aber antwortete: Wenn ein Mann die Meere austrinkt, so hängt ihm vor Durst die lechzende Zunge aus dem Munde, und er meinte damit, dass die Liebe ein Trank sei, der den Durst nicht löscht. Taifûr selbst war ein pantheistischer Nihilist, sein Bekenntniss lautet: In dem Wamse ist nichts als Gott, das Höllenfeuer ist nur dazu da, dass ich mich dafür rüste und spreche: Mache mich zum Lösegeld der Verdammten, und das Paradies ist bloss ein Spielzeug für Knaben.

> Die Liebe pflanz ich in mein Herz als Steckling,
> Sie lass' ich nimmer bis zum jüngsten Tage;
> Du hast durch Nahsein mir das Herz verwundet,
> Die Sehnsucht wächst, doch fängt die Lieb' erst an.
> Belebungstrank hat mir mein Herz kredenzt
> Im Liebesbecher aus der Neigung Meer.

Alles fasst sich in der Maxime zusammen: Geh auf der Rennbahn der Einheit bis du zum Hause des Einsamseins kommst, und fliege in dem Hause des Einsamseins, bis du das Thal der Dauer erreichst[55]).

Ich beschränke mich auf diese wenigen Mittheilungen, wollte ich die grössten der Sufi's, den Aegypter Dû Nûn († 859 = 245 Heg.), den die islamischen Canonisten für einen Erzketzer (zindíq) hielten, den Dschonaid († 909 = 297 Heg.) von Bagdad, dessen Mantel, wie der des Propheten Elias, als hochgeehrte Reliquie oder wohl mehr als Geistesconductor an Safi eddin von Ardebil, den Gründer der Safawiderwischsecte überging [56]), und sonstige Grössen und Wunderthäter nur berühren, so würde ich kein Ende finden, auch nicht vermeiden können, in die Dogmengeschichte des Islâm einzugehen, was mich von meinem Wege abführen würde. Denn dass diese speculative Theologie sich vom gemeinen Islam weit entfernt, darüber bestand bei den Mystikern selbst gar kein Zweifel. Als sich der gleich zu nennende Abu Othmân von den anthropomorphischen Anschauungen abwandte, schrieb er nach Mecca: Ich habe einen neuen Islam angenommen [57]). Ich erwähne daher nur noch einen Punkt, der unsrer Forschung eine bestimmte Richtung gibt.

Abu ᵃOthmân elmagribi († 983 = 373 Heg.) wurde nach den Geschöpfen gefragt, und er antwortete: „Formen und Phantome, über welche die Entscheidungen der Allmacht fliessen" [58]) und Elwâsiti erklärte: Als die Geister und die Körper wurden, da bestanden sie in Gott, und sie sind durch ihn in die Erscheinung gekommen, doch nicht ihrem Wesen nach. Desgleichen bestanden auch die Gedanken (khatirât wörtlich Einfälle, Einbildungen) und die Bewegungen in Gott nicht ihrem Wesen nach, denn Bewegungen und Gedanken sind Wirkungen (furûᵃ wörtlich Zweige, Resultate) der Leiber und Geister. Er will damit sagen, so fügt Elqoschairi bei, dass die menschlichen Productionen (wörtlich Erwerbungen, 'aksâb elᵃibâd) direct von Gott geschaffen sind, und dass Gott, wie er die Substanz schafft, so auch die Accidenzen schafft [59]). Damit hat Elqoschairi ganz Recht, diese Lehre ist die Voraussetzung des mystischen Akosmismus, sie fällt zusammen mit einer irgendwie geformten Emanationslehre, die in Verbindung steht mit der Ideenlehre, welche Elwâsiti deutlich vorgetragen hat. Diese ausgebildete Verbindung der Ideenlehre mit der Emanationslehre ist aber neuplatonisch. Die morgenländische Mystik ist eine Tochter des Neuplatonismus. Gemüthsstimmung, Mangel an Befriedigung mit der dialectischen Dogmatik und dem canonischen

Rechte disponierten die Geister für eine andere Richtung, der Neuplatonismus bot sich dar, und sie griffen zu.

Welche practische Bedeutung das für die Sectenentwicklung gehabt hat, wie die ismaelitischen Lehren seit nach 756 = 148 Heg., wie die druzische Religion seit 1010 = 411 Heg., wie die Praxis des Alten vom Berge damit zusammenhängt, und ob von da ein Einfluss auf die Templer erfolgt ist, das ist heute noch nicht im Einzelnen zu sagen, die Annahme solcher Zusammenhänge aber drängt sich besonders darum auf, weil bei den Druzen, die sich als Unitarier κατ' ἐξοχήν bezeichnen, die Frauen eine ganz andere Stellung haben als bei den Mohammedanern, sofern sie fast alle lesen und schreiben können und in die Religionsgeheimnisse eingeweihte „Wissende" sind. Dies stimmt damit zusammen, dass bei den Mystikern auch Frauen und Mädchen als hervorragend begabte Fromme und Dichterinnen genannt werden, wie sie denn auch in besonderem Raume an den mystischen Tänzen Theil nehmen, was ich selbst gesehen habe, und was mir ein Derwisch ausdrücklich als erlaubt und gut bezeichnet hat. Solche Frauen sind Sitt ᵓA'ischa, die Tochter Dschafar's essâdiq († 762 = 145 Heg.), Fâtima von Nisabur, die Du Nun für seine Meisterin erklärte († 837 = 223 Heg.), Manfûsa und andre[60]. Doch wenden wir uns zu der Frage des Neuplatonismus selbst, der uns nun endlich als die gemeinsame Wurzel der östlichen wie der westlichen an den Areopagiten angeschlossenen Mystik erscheint.

Im Anfange des Jahrhunderts wollte der mit den Romantikern verbundene Creuzer den Neuplatonismus aus dem Orientalischen erklären, heute erklären wir die morgenländische Mystik aus dem Neuplatonismus.

V.

Für Araber, die keine Vokale schreiben, konnte der Name Platon's mit dem Plotin's leicht zusammenfallen und verwechselt werden, jenen nannten sie Iflatûn, diesen hätten sie Iflutîn nennen müssen, er kommt aber bei ihnen gar nicht vor, der Neuplatonismus galt als Platonismus schlechthin, Plotin als der griechische Meister (es-scheikh eljunani). Drei Jahrhunderte bevor der reinere Aristotelismus durch Averroez den Arabern in Cordova mundgerecht gemacht wurde, ist der Neuplatonismus unter aristotelischer Flagge in Chorasan und im Irâq eingezogen. Vor der Mitte des neunten Jahrhunderts wurde für den Chalifen Almutasim († 842) die sogenannte Theologie des Aristoteles in einer angeblich von Porphyrius gemachten erklärenden Bearbeitung (tefsîr Furfurius) in das Arabische übersetzt, jedenfalls nicht ohne irgend eine syrische Vermittlung, denn der Name, mit dem die Capitel bezeichnet werden, ist nicht arabisch, sondern syrisch, mîmar. Der Uebersetzer war ein Christ Abd el mesich ibn Abdalla Nâ ima von Emesa, also aus den Libanongegenden, wo jederzeit viele Sectirer sassen.

Durch Fr. Dieterici's Bemühungen ist das Buch allgemein zugänglich gemacht, es ist eine „durch Rede und Gegenrede durchgeführte Darstellung der neuplatonischen Grundlehre von einer Entwicklung aus Gott durch den Geist zur Seele und von dieser auf die Natur der Dinge, was freilich nicht ausschliesst, dass zumeist mit aristotelischer Methode verfahren wird, und wir viele aristotelische Hauptbegriffe, wie potentia, actus und Entelechie wieder finden"[61]. Niemand wird das wunderbar finden, der sich von Steinhart, Kirchner und Zeller darüber hat belehren lassen, dass die wirklichen Quellen des Neuplatonismus nicht orientalisch, am wenigsten jüdisch, sondern allein griechisch, also vornehmlich Plato und Aristoteles sind, die er nicht eklektisch verbunden, sondern organisch in einander gearbeitet hat, wobei er dem Christenthum mit vollstem Bewusstsein feindlich entgegentrat. Es genügt, Porphyrius zu nennen neben Plotins Diatriben gegen die Gnostiker[62], und des Proclus Stoicheiosis theologica. „Plotin suchte", so fasst Steinhart die historische Bedeutung der Schule zusammen, „Plato's Ideenwelt mit der von Aristoteles gelehrten immanenten Zweckbestimmung nach vernünftigen Begriffen durch die Idee des höchsten Gutes zu verschmelzen, das die Schule nicht, wie Plato, als ein Postulat des Denkens, sondern als die über allen Zweifel erhabene Urquelle alles Seins gläubig voraussetzte und in den Mittelpunkt ihrer Betrachtung stellte. Indem sie sich nun sogar über das Denken erhob und in ganz neuer Weise eine reinere Quelle der Wahrheit in dem begeisterten Schauen des Göttlichen fand, gieng sie scheinbar über die Grenzen der menschlichen Vernunft hinaus und öffnete der Schwärmerei und dem Fanatismus eine weite Thüre, — — aber indem sie bis in die Tiefen des Geistes vordrang, wo das menschliche Bewusstsein sich zum Gottesbewusstsein erweitert, und in dem Lichte dieses Gottesbewusstseins, das sie auf das Engste an das Schöne, an die Tugend und an das vernünftige Denken anknüpfte, Natur und Menschenleben betrachten lehrte, eröffnete sie dem denkenden Geiste eine bis dahin in der abendländischen Welt noch nicht betretene Bahn. — — Alle Fäden der altgriechischen Philosophie, Anaxagoras' Nous, Parmenides' in sich beschlossenes Sein und der Pythagoräer ewige Ureinheit, dann die Ideen des Guten bei Socrates und Platon, die unbewegt alle Dinge bewegende Vernunft des Aristoteles, und die göttliche Natur der Stoiker liefen in der Theologie Plotin's zusammen und erschienen dort in der göttlichen Dreiheit als Momente und wirkende Kräfte wieder"[63]).

Diese Philosophie also liegt der Mystik im Westen und im Osten zu Grunde, die Mystik ist keine spontane Ausgeburt willkürlicher Phantasterei, sondern eine oftmals geschmacklose, aber immer gefühlstiefe Ausschmückung hellenischer Grundlagen. Wie die Kunst, so hat auch das Denken den hellenischen Boden nicht verleugnen können. Das Studium der Griechen beschränken, das muss man heute laut aussprechen, heisst auf die Möglichkeit einer Geschichte des menschlichen Geistes, der menschlichen Cultur verzichten. Die Existenz aber dieser Mystik durch alle Jahrhunderte seit Plato und schon vor Plato seit Xenophanes und Anaxagoras[64]) ist ein Protest gegen jede Theologie, die mit nicht mehr genügenden Kategorien, die der fortschreitenden Erkenntniss nicht entsprechen, das Göttliche umfassen will, sie ist eine Schuldrechnung an die Wissenschaft, der hier practisch demonstriert wird, dass sie den Ansprüchen, die die menschliche Seele erhebt, nimmer genügt hat, dass ihr Stückwerk, so weit es auch ergänzt werden mag, kein Ganzes wird, sie ist ein Selbstzeugniss der Menschheit für ihr Gottesbewusstsein und ihre Anlage aus Gott auf Gott hin, das durch die Heroen der Mystik nicht nur durch Entsagung und in der Liebe zu Gott und Mensch, sondern auch auf Scheiterhaufen und vor dem Henkerbeile bewährt ist. Diese Mystik ist eine Behauptung des göttlichen Charakters des Ich, und solange als diese Seite der Geschichte des Seelenlebens nicht erforscht ist, solange als das psychologische Problem, das sie in sich birgt, nicht ernstlich in Betrachtung gezogen ist, wird weder Religionsgeschichte noch Psychologie und Anthropologie sich einer soliden Grundlage rühmen können.

Unsere arabische Theologie des Aristoteles ist sich des Zusammenhangs ihrer Lehren mit der altgriechischen Speculation vollkommen bewusst, deren begriffliche Ergebnisse der Verfasser in Betrachtung zog, während er oft mit seiner Seele allein war, seinen Leib ablegte, sich wie eine körperlose blosse Substanz fühlte und ausserhalb aller Dinge stehend in sein Wesen einging und wieder zu ihm zurückkehrte, so dass er gleichzeitig das Wissen, der Wissende und das Gewusste war. Wir sehen so den Verfasser in ekstatische Betrachtung versunken, wobei er das Steigen und Fallen seiner geistigen Energie, die göttliche Traurigkeit und die himmlische Lust, lebhaft empfand und schilderte [65]). Dabei gedachte er an des Heraklit Weg nach oben und unten, an seine Seele als feurigen Dunst (ξηρὰ ἀναθυμίασις), er gedachte an Empedokles und an das esoterische und asketische Wesen des Pythagoras, vor allen Dingen aber an den „edlen, göttlichen Plato". Und so soll es denn meine letzte Aufgabe sein im Einzelnen näher zu zeigen, wie aus dem Hellenismus und zwar vornehmlich aus platonischen Gedanken in deutlich erkennbarer Weise das bunte Kleid der Mystik gewoben ist.

Schon oben habe ich bei der Betrachtung einer Ode des Hâfis bemerkt, dass die Vorstellung von den menschenschaffenden Engeln, die die Substanzen in einen Mischkrug werfen, auf den Timäus zurückweist, aber die Zusammenhänge sind nicht so vereinzelt und zufällig, es ist ein breiter Strom platonischer Lehren, der sich in die Mystik umsetzt.

Zunächst der Name Sufi selbst ist aus dem Griechischen σοφός entnommen, und stammt nicht von suf d. i. Wolle als Name für den Träger eines wollenen Philosophenmantels; denn von suf abgeleitet würde Sufi einen Wollhändler oder einen Mann von Wolle bedeuten, wie qutnî baumwollen von qutn Baumwolle und Harîrî von harîr einen Seidenhändler und seiden bedeutet, aber nicht einen Träger eines seidenen Kleides⁶⁶). Neben Sufi, dem Weisen, bedeutet Faqîr arabisch und Darwîsch persisch einen Armen, aber man kann privatim sufische Anschauungen hegen, ohne sich einem der zahlreichen Derwischorden oder Bettelmönchorden anzuschliessen. Einen besonderen Namen wie Mystiker hat man arabisch nicht, das Mysterium selbst nennt man sirr und die Herzen der Sufis gelten als die Fundgruben der Mysterien (ma᾽âdin elasrâr). Der Sufi ist der $\sigma o \varphi ó \varsigma$, der Philosoph, dem im Gegensatz zum Liebhaber von Meinungen ($\varphi \iota \lambda ó \delta o \xi o \varsigma$) nur das wirkliche Sein als etwas gilt ($a\grave{v}\tau\grave{o}$ $\check{\epsilon}\varkappa a\sigma\tau o\nu$ $\tau\grave{o}$ $\grave{o}\nu$ $\grave{a}\sigma\pi a\zeta\acute{o}\mu\epsilon\nu o\varsigma$ Staat V, 480). Darum nennen sich die Sufis auch die Wissenden (al᾽ârifûn), Männer der Wahrheit (ahl elhaqq oder ahl elhaqîqet). Die Uebertragung aber des Wortes Myste ($\mu\nu\sigma\tau\acute{o}\varsigma$) von den bis zu den ersten Stufen eleusinischer Geheimculte vorgedrungenen, in welcher sie zwar das nur den Epopten zugängliche Unnennbare noch nicht geschaut hatten, auf diejenigen, die das Unnennbare in philosophischer oder religiöser Ekstase geschaut haben, ist für Plato geläufig, er benutzt sie humoristisch und ernsthaft, er nennt die Unwissenden uneingeweiht ($\grave{a}\mu\acute{v}\eta\tau o\iota$), und spricht von solchen, die in die Liebe eingeweiht sind, wie von solchen, die in den Mysterien gradweise fortschreiten⁶⁷). In die Litteratur der Juden und Christen wurde das Wort in Alexandrien eingeführt, schon die altgriechische Bibelübersetzung gebrauchte es zur Verdolmetschung des Wortes râz, womit Syrer, Juden und Perser übereinstimmend das nur dem Eingeweihten bekannte bezeichnen⁶⁸).

Wer aber in die philosophische Anschauung vorgedrungen ist, der entflieht der Welt, die er zu seiner Höhe nicht hinaufziehen kann, und in deren Getriebe er zermalmt werden würde⁶⁹). Den Tod fürchtet ein solcher Mann nicht, sein ganzes Leben ist eine Vorbereitung auf den Tod, den er wünscht, und den es darum für ihn thöricht wäre zu scheuen, ohne dass er desshalb zur Selbstvernichtung schreiten dürfte⁷⁰). Gegen die Lust ist er gleichgültig, sein Wunsch ist das reine abstracte Denken, wobei die Seele von den Fesseln des Körpers frei sein muss, was sie völlig erst durch den Tod wird[71]). Einem solchen Manne ist es unmöglich Unrecht zu thun, oder Böses mit Bösem zu vergelten[72]), er wird lieber Unrecht leiden als Unrecht thun, was hülfe es ihm, wenn er die ganze Erde gewönne ohne das Gute? Von einem Weisen hat Socrates vernommen, dass die Leiber nur Gräber seien ($σῶμα$ $σῆμα$), in denen die Seelen auf ihrer Wanderung gefangen sind, und er führt das Wort des Euripides an:

> Wer weiss denn, ob das Leben nicht das Sterben ist
> Und Sterben Leben?[73])

Ein solcher Mann erscheint seiner Umgebung lächerlich, er gilt ihr für alle weltlichen Geschäfte unfähig, sowenig man aus einem Stricke eine Lanze machen kann, so wenig aus einem Socrates einen Feldherrn, so scherzte man. Sein Bild ist im Theaetet entworfen, und auch andere als die thracische Sklavin, lachen über einen Thales, der den Blick auf die Sterne richtet und dabei in eine Cisterne fällt[74]).

Die praeexistierende Seele, die einst mit der Gottheit zog und dann ihre Fittige verloren hat, hat eine Erinnerung an die ewige Schönheit, die sie früher geschaut hat, ehe sie in den Körper kam, und wenn der Mensch von derartigen Erinnerungen den richtigen Gebrauch macht, so wird er dadurch der vollkommenen Weihungen in vollkommener Weise theilhaftig, zu einem wahren Vollkommenen. Durch den Anblick männlicher irdischer jugendlicher Schönheit wird die Seele an das Urschöne erinnert, ihre Schwingen wachsen wieder, sie möchte auffliegen, und da sie es nicht kann, so richtet sie wie ein Vogel die Blicke nach oben, es entschwindet ihr die Theilnahme für das Irdische, sie ist verzückt, wahnsinnig, der Orient nennt es Medschnûn[75]). Jetzt erst verstehen wir die Verse des ᵓAttâr, die ich oben angeführt habe, vollständig:

> Als Vogel entfloh ich dem himmlischen Zelt,
> Um Beute zu jagen auf irdischem Feld,
> Doch da sich kein Gottesfreund zu mir gesellt,
> Entfliehe ich wieder der irdischen Welt.

Nicht alle Seelen haben das treue Gedächtniss für das ewig Schöne, aber die es haben, die verzehrt die Sehnsucht nach ihm, das in den irdischen Abbildern der Gerechtigkeit und Besonnenheit nur getrübt erscheint, und so wird das Ziel ihrer Sehnsucht die ewige Schönheit, wie sie damals erglänzte, als die Seelen im beglückenden Reigen seligen Anblick und Schau genossen, indem sie Zeus oder andern Göttern nachzogen und die Weihen erhielten und als Mysten und Epopten frei von dem Gefängnisse des Körpers im reinen Lichte sie erschauten.

Dieser holde Wahnsinn, an dem nichts Schimpfliches ist, ist die höchste Stufe der Liebe, des Eros, die mit der Neigung zu einem schönen Freunde als Anfang beginnt, die freilich noch nicht geläutert ist, denn
So wie die Wölfe das Lamm, so lieben Verliebte die Knaben.

Die zweite Stufe ist die der Seher, die dritte die der Künstler, die letzte die des Mysten, des Philosophen, des Sufi, er ist der Liebhaber im höchsten Sinne des Wortes und sein Geliebter ist das Schöne, ist Gott.

Hinzu kommen aber bei Plato noch die Offenbarungen der Diotima[76]): Wer diesem Ziele der Erotik nahe kommt, der erblickt plötzlich ein wunderbares Ding, um dessentwillen er alle vorigen Mühen über sich genommen hat. Es ist das ewig Seiende ($\dot{\alpha}\varepsilon\grave{\iota}$ $\ddot{o}\nu$), das nicht wird und nicht vergeht, an dem Nichts nur theilweis schön, sondern das ganz schön ist, das unkörperlich, keine Rede oder Wissenschaft, sondern an sich und für sich stets dasselbe ist. Alles übrige ist nur insoweit schön, als es an diesem Schönen Theil hat. Zu ihm steigt die Seele allmälig auf, indem sie von der Liebe zum körperlich Schönen sich zum sittlich Schönen, zur schönen Erkenntniss und zur höchsten Erkenntniss erhebt, die eben die jenes Urschönen ist. Dort sieht sie nicht mehr Schattenbilder ($\varepsilon\dot{\iota}\delta\omega\lambda\alpha$) (Formen qawâlib und Figuren aschbâch nannte es Elwâsiti), sondern das Wahre (elhaqq) und Eros ist der Führer auf diesem Wege.

Auf dem Wege beglückt ihn aber göttliche Leitung durch Träume und Gesichte, wie den Sokrates, der ihnen als göttlichen Befehlen folgte[77]), er lauscht seinen inneren Eingebungen, dem Daemonion[78]), er betrachtet sich wie ein

Prophet als ein göttlich beauftragter Lehrer der Weisheit, den keine irdische Sorge in Anspruch nimmt, gleich Socrates, der seinen ungerechten Richtern Verderben weissagte [79]).

In dieser platonischen Schilderung des Weisen haben wir sämmtliche Züge des Sufi und alle Begriffe, aus denen in verschiedenartiger Systematik die sufischen Systeme gebaut sind, wiedergefunden. Hier ist die Liebe die Führerin, wie bei jenen ischq und machabbe, Gott ist der Geliebte (chabib), die Liebe ist Raserei (vgl. madschnûn), sie macht trunken (sakrân), führt zur Vereinigung (ittichâd, tauchîd [80]), dschamʒ, dschamʒ eldschamʒ), die Seelen tanzen Reigen (rakas), hier ist die Weltflucht (khalwat und fenâ), hier ist der Leib ein Gefängniss (chabs), hier Träume, Eingebungen, Stimmen (ru'ya, ilhâm, wâridât, lisân el châl, laft' esch schâhid), hier die Schönheit (aldschamâl), hier ekstatische Zustände (châl) und die Stufen, durch die man zum Schönen aufsteigt, die maqâmât, deren höchste, meist als vierte wie bei Plato gezählte, die volle Erkenntniss ist (maʒrifet), die mit der Vernichtung zusammenfällt [81]). Kurz die Substanz der philosophischen Ideen, welche die moslimischen Sufis mit dem Islam, die christlichen Mystiker mit ihrer Religion verbunden haben, ist vollständig platonisch, dem Aristotelismus verdanken diese Mystiker nur gewisse formale Hülfsmittel und Ausdrücke.

VI.

Das hohe Ideal des Weisen bei den Mystikern wie bei Plato trägt ein gewaltiges Pathos in sich, die Gelassenheit ist äusserlich. Sein Pathos ist brennende Liebe, von der Essari essaqati sagte, indem er von seinem dürren Arme die straff aufliegende Haut emporziehen wollte: Bei Gottes Majestät, wenn ich sagte, dass diese Haut auf diesem Knochen aus Liebe zu Gott ausgetrocknet ist, so würde ich die Wahrheit sagen — und diesen Worten folgte eine Ekstase. Sein zweites Pathos ist brennende Sehnsucht nach dem unmöglichen Wissen des Unendlichen und Weltflucht, so dass derselbe Sufi sagte: „Der rascheste Weg zum Paradiese ist, dass du von Niemand etwas forderst, von Niemand etwas nimmst und Nichts hast, das du einem Andern geben kannst"[82]). Es liegt unendlicher Glaube an die menschliche Natur und unglaubliches Selbstvertrauen dicht neben der tiefsten Verachtung der realen Welt, die man flieht, aber nur durch Vernichtung seiner selbst zu überwinden sucht, nicht durch Bearbeitung und sittliches Emporziehen. Es fehlt dieser Mystik bei aller frommen Hingebung der wahrhaft sittliche Impuls zum Handeln, und das macht im tiefsten Grunde ihren Unterschied vom Christenthum aus, und darum erscheint sie nicht nur im Christenthum, sondern auch bei Anhängern andrer Religionen. Im Christenthum kann sie nur ein Ingredienz sein, sie ist nicht das ganze, sie deckt sich nicht mit ihm. Erklärlich aber wird dieser Zug der Weltscheu bei Plato, der von dem Tode des Socrates erschüttert war, wie bei den späten Orientalen und Abendländern aus der Erfahrung von dem Mangel an idealer Kraft, Wahrheitsliebe und echtem Denken, das immer durch persönliche Leidenschaften getrübt wird, so dass der grösste Nachdruck auf ein richtiges Denken gelegt und die Unbotmässigkeit des Willens, — die Wurzel der Thatsünde — unterschätzt wird. Es widerspricht eben der Erfahrung, dass der Mensch das, was er als gut erkannt hat, auch wirklich thut, was die höchst idealistische, aber nicht zutreffende Voraussetzung der socratischen Ethik war.

So hat zwar die Mystik völlig Recht, wenn sie das tiefste Selbstbewusstsein als einen Spiegel des Göttlichen ansieht, der getrübt, vielleicht zerbrochen werden kann, sie hat Recht, wenn sie das Gottesbewusstsein als letzten Inhalt des gereinigten menschlichen Bewusstseins auffasst, wenn sie das fortschreitend sich entwickelnde Bewusstsein als die Stelle bezeichnet, in der sich das Göttliche offenbart, aber sie betont das Wisssn und die Selbstbefriedigung durch die Liebe übermässig und bedarf einer Ergänzung, die auf besserer psychologischer Beobachtung des empirischen Menschen beruht, der der Leitung bedarf. Diese bessere Beobachtung verdanken wir den Hebräern, die uns gelehrt haben, dass das Dichten und Trachten des menschlichen Herzens böse ist von Jugend auf (Genesis 6, 5.), dass die Leidenschaft die Erkenntniss des göttlichen oder sittlichen Gebotes überwindet.

Die Philosophie des vorigen Jahrhunderts, von dem wir in unsern Betrachtungen ausgegangen sind, hat diesen Mangel der Mystik ergänzt; Kant hat den Muth gehabt, das radicale Böse im Menschen offen und laut anzuerkennen und zu behaupten, welches schwächliche Naturen, die es mit dem Bösen nicht ernst nehmen, sich immer wieder wegzudeuteln versuchen. Er hat dem gefährlichsten Irrthum der Mystik, dem nämlich, dass nicht der Mensch handelt, sondern dass Gott in ihm handelt, dadurch die Wurzel abgegraben, denn das radicale Böse kann nicht auf Gott zurückgeführt werden. Er hat den für die theoretische Philosophie transcendenten Begriff der Freiheit, welche bei der pathologischen Anlage der Mystik und ihrem letzten Ziele des Aufgehens in Gott auf das Bedenklichste gefährdet ist, für die Metaphysik der Sitten zu Grunde gelegt, und in ihnen die Unterlage practischer Gesetze erblickt, die moralisch heissen, und die sich erfahrungsmässig als unbedingt, als kategorische Imperative, zu erkennen geben. Dass die Tugend lehrbar ist, ja gelehrt werden muss, hat auch Kant gesagt, aber er hat den Stoikern dazu noch abgelernt, dass die Tugend zugleich geübt werden muss, sustine et abstine, und er hat ihr das allzeit fröhliche Herz in der Idee des tugendhaften Epikur als Begleiter verheissen und gewusst, dass die Entschliessung zur Tugend auf einmal vollständig genommen werden muss, was in der Sprache der Religion Bekehrung heisst[83]). Mönchische Askese und jede Art von Schwärmerei hat er verworfen, insbesondere jede Art von „Philosophieren durch Einfluss eines höheren Gefühles" persiflirt, denn übernatürliche Erleuchtung ist ihm der Tod aller Philosophie[84]). Und so hat Kant die Irrgänge der Mystik für das kritisch gebildete Bewusstsein verschlossen und zugleich an die Stelle des falschen Ideales materialen Einswerdens mit Gott das richtige Ideal, d. h. das moralische Einswerden in Gesinnung und Handeln gesetzt.

Aber es wäre ein grosser Irrthum zu meinen, Kant habe den puren Moralismus für fähig gehalten, auch nur das menschliche Denken zu befriedigen, im Gegentheil, er geht selbst weit über ihn hinaus, und er thut das nicht im Sinne des Ordnungsphilisters, der nach ein Bischen vernünftiger Religion schreit, an deren Krücken die gichtbrüchige moralische Ordnung der Gesellschaft weiter humpeln kann, so dass er persönlich nicht in seinem Behagen gestört wird, sondern er zeigt den Weg in umgekehrter Richtung. Der feste Ausgangspunkt ist für ihn die Idee der Freiheit, d. h. das Vermögen des Menschen die Befolgung seiner Pflichten gegen alle Macht der Natur zu behaupten, weil die Existenz dieser Idee in dem kategorischen Imperative enthalten ist, der für jeden erfahrungsmässig feststeht, der sich selbst beobachtet[85]). Für das Rechthandeln ist so die Bedingung (die Freiheit) und das Gesetz gegeben, und die Moral gebraucht zum Rechthandeln unmittelbar keinen Zweck, aber „aus der Moral geht doch ein Zweck hervor; denn es kann der Vernunft unmöglich gleichgültig sein, wie die Beantwortung der Frage ausfallen möge: was bei diesem unsern Rechthandeln herauskomme, und worauf wir, gesetzt auch, wir hätten dieses nicht völlig in unserer Gewalt, doch als auf einen Zweck unser Thun und Lassen richten könnten, um damit wenigstens zusammenzustimmen". Der Zweck aber ist die Idee eines höchsten Gutes, „zu dessen Möglichkeit wir ein höheres, moralisches, heiligstes und allvermögendes Wesen annehmen müssen", das allein die beiden in der Idee des höchsten Gutes vereinigten Elemente, das der Pflicht und das der der Pflichterfüllung angemessenen Glückseligkeit vereinigen kann. So wird der Endzweck aller Dinge für die Moral ein Gegenstand des höchsten Interesses, der Mensch wird durch seine Vernunft genöthigt, sich zu seinen Pflichten noch einen Endzweck als den Erfolg derselben zu denken. Kant fasst das Ergebniss seiner Betrachtung in dem denkwürdigen Satze zusammen: „Moral also führt unumgänglich zur Religion, wodurch sie sich zur Idee eines machthabenden moralischen Gesetzgebers ausser dem Menschen erweitert, in dessen Willen dasjenige Endzweck (der Weltschöpfung) ist, was zugleich Endzweck des Menschen sein kann und soll." Ja er sagt wörtlich, dass „diejenigen, welche den Zweck der Schöpfung in die Ehre Gottes (vorausgesetzt, dass man diese nicht anthropomorphistisch, als Neigung gepriesen zu werden denkt) setzten, wohl den besten Ausdruck getroffen haben"[86]). Wer hat es aber ernster mit der Ehre Gottes als Zweck der Schöpfung gehalten als die mystische Richtung des Geistes, der er Alles in Allem ist? Kants Sätze bedeuten nichts mehr und nichts weniger, als dass Religion und Moral connex sind, aber so, dass das kritische Regulativ bei der Moral ist, während die religiösen Ideen für die Moral ein Substrat sind, welches es der Moral erst ermöglicht hat, sich ihr höchstes Gut als ein heiligstes[57]) und allvermögendes Wesen zu denken. Diesen Begriff hat sie nicht aus sich, er ist von ihr aus historisch voraufgehenden kosmologischen und theologischen Speculationen entnommen. Kant hat ihn ohne jede Ableitung sofort benutzt. Denn woher nimmt Kant diesen Begriff, wenn nicht aus der vorhandenen Religion?

So führt uns denn die moralische Correctur und Ergänzung der mystischen Ideen, ebenso wie diese selbst, in das Transcendente; beide Theorien operieren mit dem Begriffe eines allvermögenden Wesens, aber die Berührung zwischen ihm und dem Menschengeiste ist in verschiedener Weise gedacht. Die historisch vorliegende Mystik denkt die Vermittelung substantiell, materialistisch, lumen de lumine, Kant denkt sie ethisch durch den Pflichtbegriff, durch das Gewissen. Wir aber fragen, gehört das Gewissen der Sphäre des Wollens und Sollens an oder dem des Wissens, oder liegt es jenseits beider und ist es eine Function des Selbstbewusstseins schlechthin, wie Schleiermacher (Dogmtk. § 33) lehrt, und hat die Mystik nicht doch Recht, wenn sie Gottesbewusstsein und Selbstbewusstsein im Princip zusammenfallen lässt und das Bewusstsein göttlich nennt? Τοῦ γὰρ καὶ γένος ἐσμέν sagt der Apostel Paulus. Jedenfalls hat der blosse Moralismus mit seinem: Du sollst, noch keinen befriedigenden Versuch gemacht, das Leben und Weben der Gottesvorstellung in unserm Geiste zu erklären, welches unter allen zeitlichen Entwicklungsstadien derselben als Untergrund geradeso vorausgesetzt werden muss, wie die Vorstellung vom Raume als Form der äusseren Anschauung für das Vorstellen räumlicher Gegenstände vorausgesetzt werden muss. Wir werden es wohl als eine Grundthatsache des Seelenlebens, als ein letztes Factum anerkennen müssen, mit dem sich der eine ethisch, der andere materialistisch abzufinden sucht, ohne es zu erklären, so wenig er Stoff und Kraft, Pflicht, Glück, Liebe, Hass, ja Wahrnehmen und Denken, Raum und Zeit, erklären kann. Um Götter zu ersinnen, muss man schon einen Gottesbegriff haben. Er klärt sich mit der Klärung des Weltbildes.

Eines aber steht für die Mystik fest, dass sie die Erfahrungsthatsache der Religion, die Religion als Phaenomenon nach ihrer subjectiven Seite, d. h. als psychischen Vorgang im Seelenleben des Einzelnen[89]), so vollkommen besitzt, zeigt und darstellt, auf der doch die objective Religion, — d. h. ihre geschichtliche Erscheinung in einer Gemeinschaft in letzter Instanz beruht, — dass ohne historische Kenntniss der Mystik, ohne Analyse des mystischen Seelenlebens, ohne Unterscheidung des local und ethnologisch Identischen und Verschiedenen in der Erscheinung der Mystik, von einer wirklichen Religionsphilosophie nicht die Rede sein kann. Ein Religionsphilosoph, der die Mystik nicht in grösster Genauigkeit untersucht, kennt und beschreibt, redet wie der Blinde von der Farbe. Hier steht er vor der Frage: Gibt es eine reale Berührung des Menschengeistes mit dem allerrealsten Wesen oder nicht, und welcher Art ist diese Berührung? Ist die vorhandene Religion ein Erzeugniss relativ willkürlichen menschlichen Denkens, das beseitigt werden kann, oder beruht sie auf einer Abspiegelung des Absoluten in der geschaffenen Seele, welche sich nicht auslöschen lässt, ohne das Wesen des Menschen zu zerstören? Ich stelle mich auf die zweite Seite der Alternative, das unaufhörliche Wiederemporschnellen der Mystik beweist ihre Richtigkeit.

Es ist heute der Tag der Preisarbeiten, hier ist eine Frage, die zu beantworten des Schweisses der Edlen werth ist. Ich habe hier die Idee einer allgemeinen Geschichte der Mystik entwickelt, und indem ich von Gipfel zu Gipfel visierte, die Hauptrichtung des Ganges aufzustellen versucht, die durch Einbeziehung des Orientes erst in ihrer ganzen Gewundenheit erkannt wird. Möchte die Frage einmal gründlich bearbeitet werden, sie führt uns direct in die Psychologie und zu einer historisch begründeten Religionsphilosophie, die man nicht bei unentwickelten Naturvölkern zu suchen hat, sondern in dem Zusammenhange des grossen Ganges der Civilisation und des Denkens.

Nachweise, Quellen und Erläuterungen.

1) Koberstein, Grundriss der Geschichte der deutschen Nationallitteratur III, P. 2536 ff.
2) Haym, Die romantische Schule, P. 692.
3) Lefmann Franz Bopp, P. 13. 42.
4) Goethe, Indische Dichtung 1821. Werke 1872, XIII, P. 713 und Lassen Gita Govinda, P. XV.
5) Goethe, Annalen 1815.
6) De Sacy Chrestomatie arabe I, P. 412 f., 449.
7) Diese Strafe steht auf dem Weingenuss, Minhâg' ettalibin III, 242 und Abu Sugâʾ's Taqrib im Abschnitte vom حدّ, wo es heisst: من شرب خمرا او شرابا مسكرا يجلد اربعين جلدة ويجوز ان يبلغ (الامام) به ثمانين على وجه التعزير. D. h. Wer Wein oder berauschendes Getränk geniesst, erhält vierzig Hiebe; die Obrigkeit darf die Zahl auf achtzig erhöhen in arbiträrer Weise.
8) Mesnewiyât Rosenzweig-Schwannau III, P. 460:

چو من ماهیء كلك آرم بتحریر
تو از نون وقلم پرس تفسیر

Dazu Sudi's Erklärung: محصول بيت. چون كه بن قلم بالغنى تحريره كتورم سن نون والقلم‌دن سؤال ايده بونك تفسيرينى حاصلى تحريرم ايت كريمه‌يه موافق ومطابغدر.

D. h. „Wenn ich den Fisch meines Schreibrohres zum Schreiben ansetze, so frage Du bei Fisch und Schreibrohr nach dem Sinne davon. Das Ergebniss ist: Mein Schreiben stimmt mit dem heiligen Verse völlig zusammen." — Fisch und Schreibrohr ist der Name der achtundsechzigsten Sure des Qoran (ن وَٱلْقَلَمِ), in der sich Muḥammad gegen den Vorwurf vertheidigt, wahnsinnig (magnûn) zu sein. Schlägt man nach Hâfis Befehl den Text auf, so lautet er: „Bei dem Schreibrohr und was sie (die Engel) schreiben, du bist durch deines Herren Gnade kein Besessener, du wirst einen ewigen Lohn erhalten, denn du bist von edler Art, und du wirst sehen, und sie werden sehen, wer von euch verzaubert (verführt) ist. Dein Herr weiss am Besten, wer von seinem Pfade abweicht und wer sich leiten lässt. Gehorche nicht denen die dich der Lüge beschuldigen, die gern sähen, dass du lau vorgiengest und die dann auch lau vorgehen würden; gehorche nicht Jedem, der da Eide schwört, dem verächtlichen, dem Lästerer, der klatschend herumläuft" u. s. w.

Hiernach lehnt Hafis von sich bei seinem Dichten die Idee eines Zustandes der Raserei oder Ekstase (Besessenheit) völlig ab, behauptet wie der Prophet selbst auf dem rechten Pfade zu sein, und deutet auf Lästerer hin, die es gern sähen, wenn er lau wäre.

9) Ḥâfis ib.

1 روانرا باخرد درهم سرشتیم
وزان تخمی که حاصل گشت کشتیم
2 فرخجشی درین ترکیب پیدا ست
که مغز شعر ومغز جان واجزاست
3 بیا وزنکهت این طیب امید
مشام جان معطر ساز جاوید
4 که این نافه زچین جیب حورست
نه زآن آهو که از مردم نفورست

Da ich die Übersetzung von Rosenzweig-Schwannau geändert habe, so setze ich aus Sudi zur Begründung hierher:

Vs 1: کِشتن Da عقلی جانله بر یرده یوغردق واندین بر تخمی که حاصل اولدی اکدك اکمك ernten heisst, nicht säen, so war die Änderung nothwendig.

Vs 2: Zu و in واجزا sagt Sudi, es sei Verbindungspartikel, für اجزا hätten einige Handschriften اعضا.

Vs 4 ist نافه direct durch Moschus gegeben, Rosenzweig hat Duft gewählt. In 4 b habe ich im Reim lieber unwörtlich übersetzt „die Gazelle, wie sie in dem Erdenraum", statt der wörtlichen Übersetzung „die Gazelle, die vor Menschen flieht", weil ich den characteristischen Zug in 4 a „Moschus von den Falten des Mieders der Huri" nicht aufgeben wollte. Sudi glossirt که این نافه زچین جیب حورست durch die Worte زیرا بو طیب امید نافه‌سی حورك یقه‌سی چینندندر Türkisch یقه oder یقا ist collet, pan de robe, bord, rivage.

9) Rosenzweig-Schwannau III, P. 482.

مراد از قدح باده سرمدیست
وزین باده مقصود ما بیخودیست

wobei Sudi بادهٔ سرمدی ewiger Wein durch بادهٔ عشق Wein der Liebe glossiert.

Weiter

سر وزر دریں ره روان بر فشان
ور از رهروانی روان بر فشان
روان شو روان سوی دار البقا
فنا دان همه شی بغیر خدا

Das erste روان erklärt Sudi durch فوری und تیز· schnell, sofort; das zweite hat den Sinn یوریجی also „tüchtiger Wanderer"; das dritte ist Seele, menschlicher Geist. 10) III P. 464.

بیا ساقی آن می که حال آورد
کرامت فزاید کمال آورد
بمن دو که بس بیدل افتاده ام
وزین هردو بی حاصل افتاده ام

Wer je ein mystisches Buch des Orients gelesen hat, der weiss, dass حال (hâl) den Zustand der Begeisterung bezeichnet. Das هر دو = allebeide deutet Sudi richtig auf کرامت und کمال.

11) Diesen Vers versteht in Folge davon, dass er die Weinschenke als die „Liebe" glossiert, Sudi so: محصول بیت. بُنا معلوم اولدیکه ازلده ملکلر محبت دعواسنی ایدلر یعنی آدمنن معبتمز غالبدر اللهه دیدیلر وآدمی تحقیر ایدوب دیدیلر که طبراغنه بز طاشیدق وقالبه طولدروب بالچفغنی بز یوغردق پس محبتده اول بزمله قندء اوله بیلور یعنی اولمز, d. h. Der Sinn des Verses ist: Ich weiss, dass in der Urewigkeit die Engel den Anspruch auf den Alleinbesitz der Liebe erhoben, nämlich zu Allah sagten: Unsre Liebe ist grösser als die Adams, und indem sie den Adam herabsetzten, sich darauf beriefen, dass sie sagten: Wir haben seinen Staub geschleppt, und nachdem wir ihn in eine Form gefüllt haben, seinen Lehm geknetet. Wie sollte er also in der Liebe mit uns gleich kundig sein? D. h. er ist es nicht. — Dass diese Idee der Schöpfung des Menschen, wie im Texte der Rede gesagt ist, auf den Timäus Plato's zurückgeht und statt der Untergötter die Engel von der christlichen Exegese eingestellt worden sind, das bedarf eines kurzen Nachweises. Schon Philo benutzt den Timäus in De incorruptibilitate mundi 4, 11, 12, und darunter findet sich der Abschnitt des Timäus P 40 ff., um welchen es sich hier handelt. Ich schreibe seine bezeichnendsten Stellen aus: Ἐπεὶ οὖν πάντες .... θεοὶ γένεσιν ἔσχον, λέγει πρὸς αὐτοὺς ὁ τόδε τὸ πᾶν γεννήσας· Θεοὶ θεῶν, ὧν ἐγὼ δημιουργός πατήρ τε ἔργων, ἃ δι' ἐμοῦ γενόμενα ἄλυτα ἐμοῦ γ' ἐθέλοντος, τὸ μὲν οὖν δὴ δεθὲν πᾶν λυτόν, τό γε μὴν καλῶς ἁρμοσθὲν καὶ ἔχον εὖ λύειν ἐθέλειν κακοῦ. Δι' ἃ καὶ ἐπεί περ γεγένησθε, ἀθάνατοι μὲν οὐκ ἐστὲ οὐδ' ἄλυτοι τὸ πάμπαν, οὔ τι μὲν δὴ λυθήσεσθέ γε οὐδὲ τεύξεσθε θανάτου μοίρας, τῆς ἐμῆς βουλήσεως μείζονος ἔτι δεσμοῦ καὶ κυριωτέρου λαχόντες ἐκείνων, οἷς ὅτ' ἐγίγνεσθε ξυνεδεῖσθε. Diese sterblichen, aber durch den Willen des Demiurgen trotzdem für unendliches Leben bestimmten Götter setzt die jüdische und christliche Auffassung den Engeln gleich, wie anderwärts die Sphären als Engel angesehen werden. Zu diesen Göttern spricht nun der Demiurg, weil zur Vollendung der Schöpfung

noch drei Gattungen von lebenden Wesen fehlen, die göttergleich werden würden, wenn sie der Demiurg allein erschaffen wollte: τρέπεσθε κατὰ φύσιν ὑμεῖς ἐπὶ τὴν ζώων δημιουργίαν, μιμούμενοι τὴν ἐμὴν δύναμιν περὶ τὴν ὑμετέραν γένεσιν. Καὶ καθ' ὅσον μὲν αὐτῶν ἀθανάτοις ὁμώνυμον εἶναι προσήκει, θεῖον λεγόμενον ἡγεμονοῦν τ' ἐν αὐτοῖς τῶν ἀεὶ δίκῃ καὶ ὑμῖν ἐθελόντων ἕπεσθαι, σπείρας καὶ ὑπαρξάμενος ἐγὼ παραδώσω· τὸ δὲ λοιπὸν ὑμεῖς, ἀθανάτῳ θνητὸν προσυφαίνοντες, ἀπεργάζεσθε ζῶα καὶ γεννᾶτε τροφήν τε διδόντες αὐξάνετε καὶ φθίνοντα πάλιν δέχεσθε. Diesen Befehl erfüllen die Untergötter, indem sie zu den Resten des Stoffes, der in dem Mischkruge übrig geblieben ist, aus dem sie selbst gebildet sind, Theile von Feuer, Wasser, Luft und Erde mischen, die sie der Welt abborgen, der sie bei der Auflösung wieder zufallen, und daraus den dem Stoffwechsel unterliegenden Körper bilden, in welchen sie die Seele einsetzen.

Wenn nun auch Philo's Schrift De incorruptibilitate mundi unecht sein sollte [1], so dürfte doch die kurze Andeutung in De opificio mundi 17 M auf dieser Stelle des Timaeus beruhen, wo Philo sagt: Darum sagt die Schrift nur bei der Schöpfung des Menschen im Plural: „Wir wollen Menschen machen", was auf die Zuhülfenahme Anderer als Genossen des Werkes hinweist, damit, wenn der Mensch recht handelt, seine tadellosen Entschlüsse und Handlungen mit der Aufschrift: „Gott der Lenker des Alls" versehen werden, die entgegengesetzten aber andern von seinen Dienern (ὑπήκοοι) zugeschrieben werden. — Auch in De confusione linguarum Cap. 33 ff. identificiert Philo die Kräfte, durch welche die Idealwelt erschaffen ist, mit göttlichen Dienern, welche Gott anredet, um dadurch biblische Ausdrücke wie: Wir wollen schaffen, wir wollen die Sprache verwirren u. s. w. zu erläutern und schliesst so: χρεῖος μὲν οὐδενός ἐστιν ὁ τοῦ παντὸς πατήρ, ὡς δεῖσθαι τῆς ἀφ' ἑτέρων εἰ ἐθέλοι δημιουργῆσαι (ὑπηρεσίας). Τὸ δὲ πρέπον ὁρῶν ἑαυτῷ τε καὶ τοῖς γενομένοις, ταῖς ὑπηκόοις δυνάμεσιν ἔστιν ἃ διαπλάττειν ἐφῆκεν, οὐδὲ ταύταις εἰσάπαν αὐτοκράτορα δοὺς τοῦ τελεσιουργεῖν ἐπιστήμην, ἵνα μήτι πλημμεληθείη τῶν ἀφικνουμένων εἰς γένεσιν. Hiernach hat Gott mit Rücksicht auf das Geziemende gewisse Dinge durch dienende Kräfte (also Engel) besorgen lassen, ohne ihnen absolute Einsicht zu voller Vollendung zuzutheilen, damit er nicht gelästert werde wegen der zur Entstehung kommenden Dinge. Προσηκόντως οὖν τὴν τούτου (des Sündigens) κατασκευὴν ὁ θεὸς περιῆψε τοῖς ὑπάρχοις αὐτοῦ λέγων· ποιήσομεν ἄνθρωπον' ἵνα αἱ μὲν τοῦ νοῦ κατορθώσεις ἐπ' αὐτὸν ἀναφέρωνται μόνον, ἐπ' ἄλλους δὲ αἱ ἁμαρτίαι.

Nimmt man hierzu noch de Profugis 556 M., wo es über das ποιήσομεν heisst: Διαλέγεται μὲν οὖν ὁ τῶν ὅλων πατὴρ ταῖς ἑαυτοῦ δυνάμεσιν, αἷς τὸ θνητὸν ἡμῶν τῆς ψυχῆς μέρος ἔδωκε διαπλάττειν μιμουμέναις τὴν αὐτοῦ τέχνην, ἡνίκα τὸ λογικὸν ἐν ἡμῖν ἐμόρφου, — so wird wohl jeder Zweifel über die Abkunft dieser Combination aus dem Timaeus schwinden, wo vom Demiurgen die Götter angewiesen werden, die lebenden Wesen — zuerst Menschen — zu bilden μιμούμενοι τὴν ἐμὴν δύναμιν περὶ

---

[1] Bernays in den Abhandlungen der Berliner Academie 1882. Abhdlg. III, P. 16.

τὴν ὑμετέραν γένεσιν. Hier das θνητὸν und λογικὸν der Seele, dort das ἀθάνατον und θνητόν¹.

Kurz Philo hat die platonischen Götter in die göttlichen Diener oder Kräfte verwandelt, welche dann im alten Targum (Jonathan) unmittelbar Engel genannt werden, wo die öfter citierte pluralische Ausdrucksweise so gedeutet wird: Gott sprach zu den vor ihm Dienst thuenden Engeln, die am zweiten Tage der Weltschöpfung erschaffen waren: Wir wollen Menschen machen, nach unserem Bild und Gleichniss.² Wie dies von hier in den Midrasch Bereschit rabba und in die neuen Commentare, wie den Raschi's gelangt ist, so ist Philo direkt von Origenes benutzt, wenn letzteres bei der Sprachverwirrung wegen des „wir wollen verwirren" die Engel als die Sprachverwirrer bezeichnet Hom. XI in Num. De la Rue I, P 507, und anderwärts in Gen. 1, 26 die Worte „wir wollen Menschen machen" auf eine Unterredung Gottes mit dem Logos deutet. Dass aber die Ansicht, dass die Untergötter als Engel verstanden werden sollten, weit verbreitet war, zeigt Augustin De civ. Dei 12, 25, wo er die Mithülfe der Engel bei der Entstehung der einzelnen Dinge nicht ohne Weiteres ablehnt, sondern sie mit der Thätigkeit der Ackerbauer bei der Erzeugung der Früchte vergleicht. Mit weiteren Umbildungen ist diese Vorstellung als Gemeingut in dem Orient verbreitet und entstellt, so dass Sudi mittheilt: In einigen Büchern steht, dass Allah, als er die Menschen schaffen wollte, die Engel beauftragte, dass sie je etwas von den verschiedenen Arten von Staub, weissen, rothen und gelben bringen, ihn mischen und in die oben erwähnte Form (den Mischkrug) füllen und kneten sollten. Hierdurch sei es gekommen, dass einige Menschen weiss, auch schwarz, andre gelblich (maisfarbig) geworden seien. Nachdem dann der geschaffene Mensch mit Geist versehen worden sei, hätten die Engel ihn wegen der Gottesliebe beneidet.³ — Das ist in der Kürze genug, um die Verbreitung eines platonischen Mythos in diesem Specialfalle zu zeigen, den ich ausgeführt habe, um das am Einzelnen nachzuweisen, was der Schluss meiner Rede im Grossen nachweist.

12) Hai ibn Yokdhan ed. Pococke P. 146 ff., wo es heisst, dass der zum Höchsten ansteigende Philosoph sich den Gestirnen conform machen soll und macht, welche durch ihre Einwirkung auf die Welt des Seins und Vergehens (mundus corruptibilis et incorruptibilis) diese befähigen den Erguss des primus Agens necessario existens (الفاعل الواجب الوجود) aufzunehmen, den diese Gestirne in seiner ewigen Glorie ewig

---

¹ Ganz bestimmt lautet De mutatione nominum 583 M. Διόπερ λέγεται ‚ποιήσομεν ἄνθρωπον κατ' εἰκόνα ἡμετέραν' ἵν' εἰ μὲν δέξηται φαῦλον τύπον ἑτέρων φαίνηται δημιούργημα, εἰ δὲ καλόν, τοῦ τῶν καλῶν καὶ ἀγαθῶν μόνων τεχνίτου.
² ואמר יי למלאכיא דמשמשין קומוי דאתבריאו ביום תנין לברית עלמא נעביד וגו'
³ بعض كتابده يازمشدر كه الله تعالى آدمى خلق ايلمك مراد ايلديكى زمانده فرشته‌لره بيورمشكه طيراغك انواعندن برر مقدار كتورەلر يعنى آق طيراق وقزل وصارى طيراقدن جمع ايدوب ومذكور قالبه طولدرالر وبوغرالر بو جهتدندرك كه انسانك كميسى آق كميسى قرە وكميسى بغدايى رنكليدر پس آدم مخلوق اولوب ذى روح اولدقدنصكرە ومحبت اللهدە ادمه حسد ايلديلر امدى.

anschauen. Aus diesem Streben sich dem Wesen der Gestirne anzuähneln, wird dann abgeleitet nicht nur die Milde und Schonung der Sufis gegen Thiere und Pflanzen, so wie die leblose Natur, sondern auch die Pflicht der körperlichen Reinlichkeit und Reinheit entsprechend den Vorschriften des Islâm, und dazu die verschiedenen Arten der mystischen Tanzbewegungen. Hiervon sagt Ibn Tophail P. 150: والتزم مع ذلك ضروب الحركة على الاستدارة فتارة كان يطوف بالجزيرة ويدور على ساحلها وبسيح باكنافها وتارة كان يطوف بيته او ببعض الكدى ادوارا معدودة اما ماشيا واما هرولة ودارة يدور على نفسه حتى يغشى عليه. D. h. Daneben nahm er auch verschiedene Arten von Kreisbewegungen als Pflicht über sich und umkreiste bald die Insel (auf der er als Einsiedler lebte) und umwandelte ihr Gestade und zog an ihren Küsten hin, bald umkreiste er sein Haus oder einen Stein eine bestimmte Anzahl von Malen, sei es im Schritt, sei es im Laufe, bald drehte er sich auch um sich selbst, bis er ohnmächtig wurde. — Hier ist Rundtanz und Drehung um die eigene Axe, dem dann die mystische Versenkung folgt, die herbeizuführen besonders die Drehung um die eigne Axe dient. Davon bemerkt Ibn Tophail: ويستعين على ذلك بالاستدارة على نفسه والاستجعاث فيها فكان اذا اشتد فى الاستدارة غابت عنه جميع المحسوسات وضعف الخيال وساير القوى التى تحتاج الى الالات الجسمانية وقوى فعل ذاته التى هى برية من الجسم الخ. D. h.: Er bediente sich zur Erlangung der Ekstase der Bewegung um seine eigne Axe und des Reizes, der darin liegt, und wenn er die Drehbewegung heftig ausführte, dann schwanden alle sinnlichen Gegenstände aus seinem Bewusstsein, und die Phantasie, so wie die übrigen Kräfte, die körperlicher Organe bedürfen, traten zurück, während die Action seiner körperlosen Wesenheit ihre Energie entfaltete. — Hier haben wir die Theorie des Derwischtanzes. Vgl. Note 26.

13) De Sacy hat sich vielfach darüber in seinen Anmerkungen im Pendnameh ausgesprochen, ebenso in den Notices et Extraits XII, P. 287 ff. und in der Chrestomathie III 133. Garcin de Tassy sagt: L'objection qu'on a tirée des images licencieuses et des expressions libres qu'on y trouve pour rejeter l'idée d'un but religieux ne me paraît pas fondée; car tel était le mauvais goût du siècle. En Orient, on trouve plus que partout ailleur cet extraordinaire mélange. On y trouve même la mention fréquente de l'amour antiphysique; elle salit les poésies mystiques de Sadi, de Hafis et d'autres célèbres écrivains. Vgl. La poésie philosophique et religieuse chez les Persans, Paris 1857, P. 6. — Von Gildemeister endlich hat sich Düntzer belehren lassen, dass Ḥâfis „abgesehen von einigen Gelegenheitsgedichten durchaus mystisch, genauer sufisch ist und den sufischen Pantheismus lehrt, der sich in bewusstem Gegensatz zur äusserlichen islamischen Religion stellt. Vgl. Düntzer, Erklärung des west-östlichen Divans, P. 183. Man lese dazu Hai ibn Yokdhan, P. 186.

14) Die Darstellung folgt Preger, Geschichte der deutschen Mystik im Mittelalter II, 352, 362, 378.

15) Hase, Kirchengeschichte, Leipzig 1891, II, 479.

16) Preger II, 60, 65. 139.

17) Preger I, 207, 175 ⁵).
18) I. F. H. Schlosser, Die Lieder des heiligen Franciscus von Assisi . . übertragen, Mainz 1854, passim.
19) W. Gass, Die Mystik des Nicolaus Cabasilas vom Leben in Christo, Greifswald 1849.
20) Ebenda P. 146 und Vita in Christo I, 119: καὶ νῦν μὲν ἀναμάρτητοι τοῦ ὕδατος ἀπαλλαττόμεθα τούτου, καὶ τῶν αὐτοῦ μετέχομεν χαρίτων διὰ τὸ μύρον, καὶ διὰ τὴν τράπεζαν τὴν αὐτὴν ἐκείνῳ ζῶμεν ζωήν· ἐπὶ δὲ τοῦ μέλλοντος θεοὶ περὶ θεὸν καὶ τῶν αὐτῷ αὐτῶν κληρονόμοι . . . τοῦτό ἐστιν ἡ ἐν τῷ Χριστῷ ζωή, ἣν συνίστησι τὰ μυστήρια.
21) Ib. De vita in Christo VI, 16: καθάπερ τῶν ἀνθρώπων τοὺς ἐρῶντας ἐξίστησι τὸ φίλτρον ὅταν ὑπερβάλλῃ καὶ κρεῖστον γένηται τῶν δεξαμένων, τὸν ἴσον τρόπον ὁ περὶ τοὺς ἀνθρώπους ἔρως τὸν θεὸν ἐκένωσεν. Ib. 99. Die Leiden des Kreuzestodes waren nicht so stark als die Liebe Jesu selbst zu den Mördern, der προςηλωθεὶς ἤδη τῷ ξύλῳ τὸ πρὸς τοὺς φονευτὰς οὕτως οὐ διέλυσε φίλτρον. Umgekehrt soll der Mensch Gott ganz lieben und den Liebeszauber nicht theilen, τὸ φίλτρον μερίζειν VII, 107. Gass merkt an, dass schon Theodoret sich des Ausdrucks φίλτρον bedient hat.
22) Ginsburg, The Kabbalah London 1865, P. 172. 190 ff. Graetz, Geschichte der Juden VII, 88 ff.
23) Eine Entwickelung des Systemes bietet Ginsburg P. 87 ff. Die im alten Testamente und im Talmud für die neuplatonische Speculation gesuchte und gefundene Unterlage, sowie das ihr besonders eigene Zahlen- und Buchstabenspiel verleiht ihr ein ganz specifisches Aussehen, bei dem man doch immer wieder durch die Sphäre der Tiph'eret d. i. des κάλλος auf die Grundquelle im Platonismus zurückgewiesen wird. Auf hebräischem Boden ist eine Doctrin nicht erwachsen, welche Ginsburg P. 114 so beschreibt: The soul (רוח), ... is the seat of good and evil, as well as the moral qualities, and . . . . both corresponds to and is operated upon by Beauty (תפארת), representing the second triad in the Sephiroth called the Moral world. Das ist das καλόν. Auch die Seelenwanderung der sündigen Seelen, die sich reinigen müssen, bevor sie zur Quelle des Unendlichen zurückgehen, entstammt in der Kabbala in letzter Instanz dem Plato, nicht aber dem alten Testamente, ebenso wenig als die Wiederaufnahme der Welt, selbst des Sammael, in Gottes Natur, der sie entstammt, wie pantheistisch gelehrt wird. — Betreffs der Liebesterminologie lasse ich Ginsburg P. 126 sprechen: Then the great Jubilee year will commence, when the whole pleroma of souls (אוצר הנשמות) cleaned and purified shall return into the bosom of the Infinite Source; and they shall be in the Palace which is situate in the secret and most elevated part of heaven, and which is called the Palace of Love (היכל אהבה). There the profoundest mysteries are; there dwells the Heavenly King with the holy souls *and is united with them by a loving kiss. This kiss is the union of the soul with the substance from which it emanated.* Then hell shall disappear . . . life will be an everlasting feast, a Sabbath without end . . . Then the soul will rule the universe like God, and what *she* shall command *he* will

execute." Kurz hier ist die Vergottung der Seele gelehrt. — Ich merke bei dieser Gelegenheit an, dass die Kabbalisten die materiellen Dinge קליפות d. h. Rinde und Schalen von Nüssen oder Früchten nennen, was sie qlappot aussprechen, wie mir von Fr. Delitzsch mitgetheilt ist. Dies Wort sieht mir aus, als ob es im Anschluss an das arabische qâlib (قَالِب Pl. قَوَالِب) gewählt sei, was Form bedeutet, so dass hier eine dem hebräischen Verständniss zu Liebe gemachte Umformung und Entlehnung eines Begriffs der arabischen Mystik vorliegt. Der philosophische Terminus Form wird durch die populäre Anähnelung zu Schalen oder Hüllen. Vgl. Note 58.

24) Das ist der wesentliche Inhalt von De divinis nominibus 2 und 3, wo auch der Hierotheos erwähnt wird. Das Theilhaben der Dinge an Gott lehrt Coelestis Hierarch. 4,1: Ἔστι τοῦτο τῆς πάντων αἰτίας καὶ ὑπὲρ πάντα ἀγαθότητος ἴδιον τὸ πρὸς κοινωνίαν ἑαυτῆς τὰ ὄντα καλεῖν, ὡς ἑκάστη τῶν ὄντων ὥρισται πρὸς τῆς οἰκείας ἀναλογίας.

25) Ecclesiastica Hierarchia 2—4 vgl. mit Gass Kabasilas P. 156.

26) Die Belegstellen sind De divin. nom. 4,6—7 und 4, 8—9. Hier ist auch die Theorie der Kreisbewegung der θεῖοι νόες vorgetragen, und daran der Satz geschlossen: ψυχῆς δὲ κίνησίς ἐστι κυκλικὴ μὲν ἡ εἰς ἑαυτὴν εἴσοδος ἀπὸ τῶν ἔξω, καὶ τῶν νοερῶν αὐτῆς δυνάμεων ἡ ἑνοειδὴς συνέλιξις, ὥσπερ ἔν τινι κύκλῳ τὸ ἀπλανὲς αὐτῇ δωρουμένη, καὶ ἀπὸ τῶν πολλῶν τῶν ἔξωθεν αὐτὴν ἐπιστρέφουσα καὶ συνάγουσα, πρῶτον εἰς ἑαυτήν, εἶτα ὡς ἑνοειδῆ γενομένην, ἑνοῦσα ταῖς ἑνιαίως ἡνωμέναις δυνάμεσι, καὶ οὕτως ἐπὶ τὸ καλὸν καὶ ἀγαθὸν χειραγωγοῦσα, τὸ ὑπὲρ πάντα τὰ ὄντα, καὶ ἓν καὶ ταὐτόν, καὶ ἄναρχον καὶ ἀτέλευτον. Wer dies mit dem aus Ḥai ibn Yokdhan Note 12 Mitgetheiltem vergleicht, wird über den wahren Ursprung des Derwischtanzes nicht im Zweifel sein.

27) Div. nom. 4,10 πᾶσιν οὖν τὸ καλὸν καὶ ἀγαθὸν ἐφετὸν καὶ ἐρασθὲν καὶ ἀγαπητόν. — 4,13 ἐκστατικὸς ὁ θεῖος ἔρως οὐκ ἐῶν ἑαυτῶν εἶναι τοὺς ἐραστάς, ἀλλὰ τῶν ἐρωμένων. Für den folgenden Satz liefert den Beweis das kühne Wort: Τολμητέον δὲ καὶ τοῦτο ὑπὲρ ἀληθείας εἰπεῖν, ὅτι καὶ αὐτὸς ὁ πάντων αἴτιος τῷ καλῷ καὶ ἀγαθῷ τῶν πάντων ἔρωτι δι᾽ ὑπερβολὴν τῆς ἐρωτικῆς ἀγαθότητος ἔξω ἑαυτοῦ γίνεται, ταῖς εἰς τὰ ὄντα πάντα προνοίαις, καὶ οἷον ἀγαθότητι καὶ ἀγαπήσει καὶ ἔρωτι θέλγεται. καὶ ἐκ τοῦ ὑπὲρ πάντα καὶ πάντων ἐξῃρημένου πρὸς τὸ ἐν πᾶσι κατάγεται κατ᾽ ἐκστατικὴν ὑπερούσιον δύναμιν ἀνεκφοίτητον ἑαυτοῦ. 4,13. Das ist fast schon Akosmismus.

28) Div. nom. 4,19 Τὸ κακὸν οὔτε ἐν τοῖς οὖσιν, οὔτε ἐν τοῖς μὴ οὖσιν, ἀλλὰ καὶ αὐτοῦ τοῦ μὴ ὄντος μᾶλλον ἀπέχον τἀγαθοῦ, ἀλλότριον καὶ ἀνουσιώτερον ... und am Schlusse: Καὶ ἔσται τὸ κακὸν εἰς τὴν τοῦ παντὸς συμπλήρωσιν συντελοῦν καὶ τῷ ὅλῳ τὸ μὴ ἀτελὲς εἶναι δι᾽ ἑαυτὸ παρεχόμενον. Das Übel ist also schlechthin nothwendig. Dazu kommt 4,30: τὸ κακὸν ἐκ πολλῶν καὶ μερικῶν ἐλλείψεων und τὸ κακὸν ἀσθένεια καὶ ἔλλειψις τοῦ ἀγαθοῦ. Dabei hat der Teufel keinen Platz mehr, denn es ist κατὰ συμβεβηκὸς καὶ δι᾽ ἄλλο καὶ οὐκ ἐξ ἀρχῆς οἰκείας. 4,32, es ist οὐκ ὂν τὸ κακόν, οὐδὲ ἐν τοῖς οὖσι τὸ κακόν. So lehrte auch Scotus Erigena und danach der deutsche Mystiker, der P. 13 erwähnt ist.

29) Divin. nom. 5,4.

30) Der Fanatiker der Einheit sagt Div. nom. 13,3: χρὴ καὶ ἡμᾶς ἀπὸ τῶν πολλῶν ἐπὶ τὸ ἓν τῆς θεϊκῆς ἑνότητος ἐπιστρεφομένους ἑνιαίως ὑμνεῖν τὴν ὅλην καὶ μίαν θεότητα und lehnt die Kategorie Monas und Trias vom Absoluten ab: οὐδεμία δὲ μονὰς ἢ τριὰς οὐδὲ ἀριθμὸς οὔτε ἑνότης . . . . ἐξάγει τὴν ὑπὲρ πάντα καὶ λόγον καὶ νοῦν κρυφιότητα τῆς ὑπὲρ πάντα ὑπερουσίως ὑπερούσης ὑπερθεότητος.

31) Er sagt ἡ ὑπερούσιος τοῦ θείου σκότους ἀκτίς. Myst. Theol. 1,1.

32) Caelest. Hierarch. 6,1: ἡμεῖς οὐδὲν αὐτοκινητῶς ἐροῦμεν, ὅσα δὲ τῶν ἀγγελικῶν θεαμάτων ὑπὸ τῶν ἱερῶν θεολόγων — d. i. Hierotheos und seine Anhänger — ἐθεωρήθη, ταῦτα μυηθέντες ἡμεῖς, ὡς οἷοί τέ ἐσμεν, ἐκθησόμεθα. Hierzu gehört Divin. nom. 2,9 Schluss und 2,10, so wie 3,2.

33) Zu dem Folgenden verweise ich statt einzelner Belege auf Frothingham's Stephen bar Sudaili the Syrian mystic and the book of Hierotheos, Leyden, Brill, 1886.

34) Der Text ist von Abbeloos De Vita et scriptis S. Jacobi Sarug. (Bonn 1867). P. 126 ediert.

35) Frothingham P. 71 citiert aus Brit. Mus. Add. 17, 191, Saec IX und X, fol. 64 die Stelle: ܕܩܕܝܫܐ ܐܝܪܘܬܐܘܣ. ܡܢ ܡܕܪ̈ܫܘܗܝ܆ ܕܐܦܠܐ ܕܝܢ ܦܓܪܐ ܥܠܬܗ ܕܒܝܫܬܐ ܠܢܦܫܐ. ܓܠܝܐ ܗܝ. ܡܢ ܗܝ ܕܐܦ ܟܕ ܠܒܪ ܡܢ ܦܓܪܐ. ܡܨܝܐ ܕܬܗܘܐ ܒܒܝܫܬܐ. ܐܝܟܢܐ ܕܐܡܪܝܢܢ ܐܦ ܥܠ ܫܐܕܐ. ܡܕܝܢ ܒܡܕܥ̈ܐ ܘܒܢܦ̈ܫܬܐ ܘܒܦܓܪ̈ܐ܆ ܗܢܐ ܐܝܬܘܗܝ ܒܝܫܬܐ. ܡܚܝܠܘܬܐ ܘܡܦܠܬܐ ܡܢ ܙܘܥܐ ܕܛܒ̈ܬܗܘܢ. . . D. h. Vom heiligen Hierotheos aus seinen Hymnen: Dass aber auch der Körper nicht Ursache des Bösen für die Seele ist, wird daraus klar, dass sie auch, wenn sie ohne Körper ist, im Bösen sein kann, wie wir das auch von den Dämonen sagen. Also ist in den Intellecten, Seelen und Leibern das Böse dieses: eine Schwäche und ein Fall aus der Bewegung ihrer Güter (ihres Gutseins). Die hier den Hymnen des Hierotheos zugeschriebene Stelle steht in Wahrheit bei Dionysius Div. nom. 4,27 so: ὅτι δὲ οὐδὲ κακίας αἴτιον τῇ ψυχῇ τὸ σῶμα, δῆλον ἐκ τοῦ δυνατὸν εἶναι καὶ ἄνευ σώματος παρυφίστασθαι κακίαν, ὥσπερ ἐν δαίμοσι. τοῦτο γάρ ἐστι καὶ νοῖς καὶ ψυχαῖς καὶ σώμασι κακόν· ἡ τῆς ἕξεως τῶν οἰκείων ἀγαθῶν ἀσθένεια καὶ ἀπόπτωσις.

36) Vgl. Harnack Dogmengeschichte II, 167, (59), 376 [1]), 392 [3]), 387. Wir besitzen eine poetische Verherrlichung der monophysischen Eremiten von Georg dem Bischof der Araber (+circa 724), die Ryssel als poemi syriaci in den Rendiconti dell' Academia dei Lincei 1892 zuerst herausgegeben hat. Sie sagen: Wir verleugnen unsre Seele, ܟܦܪܝܢ ܒܢܦܫܢ, wir verleugnen die Welt ܒܥܠܡܐ ܟܦܪܝܢ Vs. 314, 310, aber diese Eremiten wollen Paradiesesfreuden und sprechen:

Vs. 328. ܗܐ ܐܣܪܢ ܚܨ̈ܝܢ ܗܘܝܢ ܠܟ ܡܫܡܫܝܢ
ܐܦ ܫܡܫ ܠܢ ܥܠ ܦܬܘܪܟ ܐܝܟ ܕܐܫܬܘܕܝܬ

d. h. Siehe wir haben unsere Hüften gegürtet und Dir gedient, so diene auch uns bei Deinem (himmlischen) Male, wie du verheissen hast. Sie kennen auch das Hochzeitsgemach ܓܢܘܢܐ Vs. 331 und wollen vom Vergehen (فناء) nichts wissen. Wenn Harnack

P. 426 den Ursprung der Dionysiana um 350—400 setzen, sie aber um 500 irgend wie umgearbeitet sein lassen will, statt sie in dieser Zeit entstehen zu lassen, so sollte der Versuch gemacht werden hier Interpolationen auszuscheiden. Ich bezweifle dass es gelingt. Das ist alles aus einem Guss.

37) Macarius (Opuscula ed Pritius), De charitate 13: ἐπειδὰν ἀκοῦσαί σοι γένοιτο περὶ κοινωνίας νυμφίου καὶ νύμφης καὶ χορῶν καὶ ἑορτῶν, μηδὲν ὑλικὸν, μηδὲν πρόςγειον ἐννοήσω. Καὶ γὰρ εἰς ὑπόδειγμα μόνον συγκαταβατικῶς ταῦτα παραλαμβάνεται. Ἐπεὶ ἐκεῖνα ἄρρητά τέ ἐστι καὶ πνευματικὰ καὶ ὀφθαλμοῖς τοῖς σαρκικοῖς ἄψαυστα. . . . ἀμυήτῳ οὐδὲ ἐννοῆσαι δυνατόν. Der ἀμύητος und die ἄρρητα gehören der technischen Mysteriensprache an.

38) Wright Catal. of Syriac Mspt. in the British Mus. II, 493. Bernardus de Rubeis bei Migne Dionysius I, P. 65.

39) De Joanne Scoto commentatio in Migne Patrol. lat. 132, P. 19.

40) Corderius bemerkt: patet Angelicum Doctorem *totam fere doctrinam theologicam ex purissimis Dionysii fontibus hausisse* etc. Migne Dion. I P. 95.

41) Jusuf und Suleicha von Rosenzweig, P. VI.

42) Whinfield The Quatrains of Omar Khayyâm, London 1883, Trübner Collection.

Nro. 262.
با تو بخرابات اگر گویم راز
به زانکه کنم بیتو بمحراب نماز
ای اوّل وآخر همه خلقان تو
خواهی تو مرا بسوز خواهی بنواز

Nro. 251.
دلتنگ شوی یکجوکی بنک بخور
یا یک منکی بادهٔ گلرنگ بخور
صوفی شدهٔ این نخوری ان نخوری
در خورِ تو سنگست برو سنگ بخور

Nro. 34.
بتخانه وکعبه خانهٔ بندگیست
ناقوس زدن ترانهٔ بندگیست
زنّار وکلیسیا وتسبیح وصلیب
حقّا که همه نشانهٔ بندگیست

Nro. 270.
ما لعبتگانیم وفلک لعبت باز
از روی حقیقتی نه از روی مجاز
بازیچه همکنیم بر نطع وجود
رفتیم بصندوق عدم یک یک باز

Nro. 271.
میپرسیدی که چیست این نفس مجاز
گر بر گویم حقیقتش هست دراز
نفسیست پدید امده از دریائی
وانگاه شده بقعرِ آن دریا باز

43) Die Darstellung folgt Krehl's Ausgabe von Omar ben Suleimân's. Die Erfreuung der Geister, Leipzig 1848.

44) Pendnameh ed De Sacy P. 22 der Biographie:

مرغی بودم پریده از عالم راز
تا بو که برم زنشیب صیدی بفراز
چون هیچکسی نیافتم محرم راز
زان درکه در امدم برون رفتم باز

Eine Variante dazu hat Omar el Khayyâm, Whinfield Nro. 264.

45) Omar ben Suleiman P. 40 (48): بو عالم که خیال مشابهسی در محل صید حقدر
d. h. diese Welt, die die Stätte der Phantasie ist, ist der Jagdgrund Gottes. Ferner: هربر شی مظهر الٓهیه ومراتی در عالم ظلمت در, d. h. jedes einzelne Ding ist der Erscheinungsplatz und Spiegel Gottes, die Welt ist Finsterniss.

46) Ib. P. 44: اوتوز یلدر که بن خدادن غیریله سوز سویلمدم خلق صنورلر که آنلروڭ ایله سویلشرم.

47) Eckehardt nach Preger Geschichte der deutschen Mystik I. 436ff.
48) Attâr Language des oiseaux ed. Garcin de Tassy I Vs. 257.

نور او مقصود مخلوقات بود
اصل معدومات وموجودات بود
حق چو دید ان ان نور مطلق در حضور
افرید از نور او صد بحر نور
بهر خویش ان پاک جانرا آفرید
بهر او خلق جهان را آفرید
افرینشرا جز او مقصود نیست

Es wäre möglich Vs. 3 zu übersetzen: Um ihrer selbst willen schuf Gott diese reine Seele, — aber Garcin de Tassy übersetzt: ce fut pour lui-même qu'il créa cette âme pure, und stützt dies durch einen Hadith لولاک ما خلقت الافلاک d. h. Wenn Du, Mohammad, nicht wärst, wozu hätte ich die Himmelssphären geschaffen? Indessen kann dieser Hadith auch mit der andern Fassung vereinigt werden. Die Verehrung des Mohammad wird aber grösser, wenn ihn Gott ganz speciell zu seinem besondern Vergnügen geschaffen hat, und Analoges hat auch Zakarya I P. 54 als Commentar zu Elqoschairi P. 5 unten ausgedrückt.

48*) Ich benutze den allen früheren Darstellern der Mystik unzugänglichen Text im Drucke der ägyptischen Regierungsdruckerei von 1304=1886. Dazu kommt der vierbändige Supercommentar zum Commentare des Scheikh el Islam Zakarya alansâri, 826—915 Heg. = 1422—1519, der den Titel hat شرح فی بیان معانی القدسیة الافکار نتایج, الرسالة القشیریة und dessen Verfasser Muṣṭafa Mohammad el ʒArûsi unter Ismael Pascha noch lebte, wie mir Scheikh Ali el abjâri mündlich mitgetheilt hat. Ich citiere ihn als Zakarya.

49) Der Text bei Zakarya I 70 lautet:

یا معشر العلما یا ملح البلد ما یصلح الملح اذ الملح فسد

Dazu sagt er vom sechsten Passe (عقبة) so: یغلق باب الامل و تفتح باب استعداد للموت.

50) Text Zakarya I 97: صُمَّ عن الدنيا وفِرَّ من الناس فرارك من الاسد und weiter
واجعل فطرك الموت.

51) Qoschairi P. 11: لو حلفت انى مُراى احب الىّ من ان احلف انى لست بمراى
ترك العمل لاجل الناس هو الرِياء والعمل لاجل الناس هو الشِّرك Sodann

52) Qosch. P. 11—12: اذا كانت لك [يا سَرِى السَّقَطى] حاجة الى الله فَأَقْسِم عليه بى
هذا المعروف الكرخى سَكِر من حُبّى فلا يُفيق الا بلقائى. dazu:

53) Zakarya I, 114 القلب كالمراة اذا جليت لا يمر بها شى الا مثل فيها und Qosch.
P. 19: لكل شى صداء [يعنى وسخ] يمنع صفوه] وصداء نور القلب شبع البطن.

54) Zakarya I, 88: القرب من الاغنياء بعد من المحبيب والانس بهم وحشة منه d. h.
Nahesein bei den Reichen ist Fernsein von dem „Geliebten", und angenehmer Umgang
mit ihnen ist Entfernung von ihm.

55) Zakarya I, P. 104 vgl. Qosch. 49: قال بعض المحجوبين لابى يزيد (طيفور)
شربت شربة منه اظمأ ابدا فقال ابو يزيد الرجل من يشرب البحار ولسانه خارج على
صدره من العطش فاشار الى ان المُحِبَّ شرب بلا رَىّ. Sein pantheistisch-nihilistisches Bekenntniss lautet: ما فى الجنة الا الله ما النار الا لَأَسْتَعِدَّ اليها واقول اِجْعَلنى لاهلها فداء ما الجنة الا
لعبة الصبيان.

Der Text setzt noch zu هَبْ لى هؤلاء اليهود ما هؤلاء حتى تَغْذِبُهُمْ d. h. Gieb mir
diese Juden, was sind diese, dass du sie abhältst? Den Sinn dieser Worte, auch wenn
man تَعَذِّبَهُمْ liest, wage ich nicht weiter zu interpretieren. Sind sie judenfreundlich?

Die Verse (Wâfir) lauten:

غرست المحب غرسا فى فؤادى فلا اسلو الى يوم التناد
جرحت القلب منى باتصال فشوقى زائد والحب باد
سقانى شربة احياء فوادى بكاس الحب من بحر الوداد

Die Hauptmaxime ist: سرُّ فى ميدان التوحيد حتى تصل الى دار التفريد وطِرْ فى دار التفريد
حتى تدخل وادى الديمومة.

56) De Sacy Pendnameh P. LXIII.

57) Qosch. glossiert von Zakarya I, P. 51: سمعت الامام ابابكر بن فورك رحمه الله
يقول سمعت ابا عثمان المغربى كنت اعتقد شيئا من حديث الجهة [وانه تعالى على العرش]
فلما قدمت بغداد [وسمعت كلام المحققين فى تنزيهه تعالى] زال ذلك عن قلبى فكتبت الى
مكة انى اسلمت الآن اسلاما جديدا.

58) Qosch. P. 6: سمعت محمد بن الحسين السلمى رحمه الله يقول سمعت ابا
عثمان المغربى يقول وقد سئل عن الخلق فقال قوالب واسباح تجرى عليهم احكام القدرة.
Hier sind die قوالب, Gussformen, Formen, die bei den Juden zu Schalen קליפות abge-
wandelt sind, was ihnen nahe lag, da die Mischna das Hühnchen im Ei אפרוח בקליפתו
nennt. Von hieraus eröffneten sich dann der Phantasie die Wege zu neuen Com-
binationen.

59) Qosch. P. 6: قال الواسطى لما كانت الارواح والاجساد قامتا بالله وظهرتا به لا بذواتيها
كذلك قامت الخطرات والحركات بالله لا بذواتيها اذ الحركات فروع الاجساد والخطرات والارواح. صرح

بهذا الكلام ان اكساب العباد مخلوقه لله تعالى وكما انه لا خالقَ للجواهر الا الله تعالى فكذلك لا خالقَ للاعراض الا الله تعالى. Abu Bekr Mohammad ibn Musa el Wâsiṭi+nach 320 Heg =932 Zakarya. Abu Otmân Sa ʒid ibn Salâm el Magribi+373 Heg=983 Tabaqât kobra.

60) Da dieser Punkt bei der Behandlung der Mystik bisher nicht beachtet ist, so ist er besonders hervorzuheben. Scha ʒrâni in seinem Ṭabakât el kobra widmet den Frauen ein besonderes Capitel, aus dem ich die Notiz über Manfûsa bint Zaid ibn Abi 'lḥawaris ausschreibe: كانت اذا ماتت ولدها تضع راسه على حجرها وتقول والله لتتقدمنى امامى خير عندى من تاخرك بعدى ولصبرى عليك اولى من جزعى عليك ولئن كان فراقك حسرةً فان فى توقع اجرك لخيرة ثم تنشد قول عمرو بن معديكرب رضى الله عنه وانا لقوم لا تفيض دموعنا على هالك منا وان قصم الظهر

D. h. Wenn ihr ein Sohn starb, legte sie seinen Kopf auf ihren Schooss und sprach: Dass du mir vorausgehst erscheint mir besser, als dass du mir folgst, und mein geduldiges Leiden um Dich ist würdiger als meine Angst für dich, und wenn die Trennung von dir auch Schmerz ist, so ist doch die Erwartung des Lohnes für dich ein Gut. Dann sprach sie den Vers des Amr ibn Maʒdikarib:

Wahrhaftig wir sind Leute, deren Thränen nicht fliessen, um einen der von uns gestorben, selbst wenn er den Rücken gebrochen hat. Anderes bei Zakarya I, 84.

61) Dieterici, Die sogenannte Theologie des Aristoteles (arab.) Leipzig 1882, P. IV.
62) Kirchner Plotin P. 200 und Enneaden II, Liber IX.
63) Steinhart in Pauly-Walz, Realencyclopaedie V, 2, P. 1716 und 1766.
64) Plato Apologia Socratis 14, P. 26.
65) Dieterici, Arist. Theol. P. 8 arab.

66) Die oft discutierte Ableitung des Wortes Ṣufi von صف oder صفو lasse ich als sprachlich vollkommen unmöglich bei Seite. Nur die von ṣûf Wolle könnte in Betracht kommen. Qoschairi, der P. 165 das Analogiewidrige des Wortes Ṣufi betont, führt dann fort: فاما قول من قال انه من الصوف وتصوّف اذا لبس الصوف كما يقال تقمص اذا لبس القميص وذلك وجه ولكن القوم لم يختصوا بلبس الصوف. D. h. Die Ansicht, dass Ṣufi von ṣuf (Wolle) komme, und dass taṣawwafa gesagt wird, wenn sich Jemand mit ṣûf (Wolle) bekleidet, wie taqammaṣa, sich mit einem qamîs (Hemde) bekleiden heisst, bietet eine Erklärungsmöglichkeit. Indessen haben diese Mystiker gar nicht die besondere Eigenthümlichkeit Wolle zu tragen. — Dieser Grund dürfte denn wohl genügen um diese Ableitung für immer zu beseitigen, wenn die Ṣufi's kein ṣûf zu tragen pflegen, so können sie nicht von ṣûf benannt sein. Um aber die Sache zum Austrag zu bringen, setze ich noch aus dem sechsten Capitel von Zuhrawerdi's [1] ʒAwârif el ma ʒârif (Randdruck von Gazâli's Iḥyâ I, P. 171f.) noch folgende Bemerkungen hierher: In Khorasân nannte man einsiedlerische Höhlenbewohner Schikeftiye (شكفتيه), weil Schikeft (شكفت) Höhle bedeutet, die Syrer nannten sie جوعية, doch wohl g'auʒiye also Hungerleider, im Qorân heissen sie die guten Leute u. s. w., der Name

---

[1] Zuhrawerdi starb am 1. Moharram 632 Heg. = 26. September 1234 p. Chr.

Ṣufi aber fasst alle die durch diese Benennungen bezeichneten einzelnen Classen von Frommen zusammen. (واسم الصوفي مشتمل على جميع المتفرق فى هذه الاسماء المذكورة) Nun folgt eine Erörterung der Frage, nach dem Alter des Wortes, die so lautet: وهذا الاسم لم يكن فى زمن رسول الله صلعم وقيل كان فى زمن التابعين ونقل عن الحسن البصرى رحمة الله عليه انه قال رايت صوفيا فى الطواف فاعطيته سيبا فلم ياخذ وقال معى اربع دوانيق يكفينى ما معى وبشيد هذا ما روى عن سفيان انه قال لولا ابو هاشم الصوفي ما عرفت دقيق الرياء وهذا يدل على ان هذا الاسم كان يعرف قديما وقيل لم يعرف هذا الاسم الى المأتتين من الهـجـرة العربية الخ. D. h. „Das Wort war in der Zeit der Propheten nicht vorhanden. Man sagt, es sei in der Generation nach ihm aufgekommen. Über Ḥasan el basri († 110 Heg = 728) berichtet eine Überlieferung, dass er gesagt habe: Ich sah einen Sufi bei der Kabaumkreisung und gab ihm etwas, aber er nahm es nicht an und sagte: Ich habe vier kleine Münzen bei mir, mir genügt was ich habe. Und laut spricht dafür, dass das Wort in der Urzeit des Islâm bekannt war, was von Sofyân (c. 640) überliefert wird, dass er sagte: Wenn Abu Hâschim der Ṣufi nicht wäre, dann hätte ich die Finesse der Heuchelei nicht kennen gelernt. — Es wird aber auch gesagt, dass das Wort vor dem Jahre 200 der Higra unbekannt war."

Das letztere wird das Richtige sein. Traditionen wie die angeführten haben auch den arabischen Gelehrten selbst nicht imponiert, die behaupteten, das Wort sei erst um 200 Hg. also nach 800 p. Chr. in Gebrauch gekommen. Vgl. Alberuni India P. 16.

Dem letzten Einwand endlich, dass das griechische σ nicht dem arabischen ص entspreche, ist leicht zu begegnen, nicht nur dass Sankt ... arabisch صنت geschrieben wird, wir haben sogar den Namen Σουφε selbst als Umschrift von صوفة in χουσέην βουσούφε welches als Wiedergabe des arabischen بو صوفة حُسَيْن dient. Vgl. Cusa I diplomi greci ed arabi di Sicilia Palermo 1868, P. 177. Aehnlich steht عبد الصمد = αβδελσαμεδ P. 178, الصنهاجى = σανχέτζτ P. 251, عثمان الحصار = ουθμἑν χασσάρ P. 350. Umgekehrt wird griechisches oder lateinisches σ, s zu ص, denn Σικελία selbst ist صقليه, der filius Salumi P. 181 heisst P. 205. 61. ابن صلوموا, u. Ἐλισαβέτ البيصبات.

Damit dürften auch die lautlichen Bedenken der Ableitung des Ṣufi vom σοφός beseitigt sein. Das Ergebniss ist, dass der Name in derselben Zeit sich eingebürgert hat, in der die Übersetzer des Mamun thätig waren.

67) Phaedo 13 P. 69, Gorgias 52 P. 497; 47 P. 493; τὰ ἐρωτικὰ μυηθῆναι Sympos. 28 P. 210. Phaedo 6 P. 62 kennen die Eingeweihten die Lehre, dass die Seelen im Körper in einem Gefängnisse sind.

68) Daniel 2,18ff.; 4,6; Sapient. Salom. 12,6; 14,15; 3 Maccab. 13,21.

69) Apologie 19 P. 31; 26 P. 36.

70) Apologie 20 P. 32, Phaedo 6 P. 62; 9 P. 64. — Gleichgültigkeit gegen die Lust ib. und 11 P. 66.

71) Krito 10 P. 49.

72) Staat VI, P. 505, Gorgias 33 P. 477.

73) Gorgias 47 P. 492 aus Euripides' Glaukos.

74) Staat VI, 3 P. 487, Gorgias 28 P. 473, 484 Mitte, Athenaeus Deipnosophista V, 55. — Vor allem Plato Theaetet 24 ff. P. 174.

75) Grade dieser Mythus aus dem Phaedrus 30 P. 249 wird in der Theologie des Aristoteles P. 11 (deutsch) angeführt.

76) Symposion 29 P. 210 ff.

77) Apologie 22 P. 33, Krito 2 P. 44, Phaedo 4 P. 60.

78) Apologie 33 P. 41; 31 P. 40; 19 P. 31; Euthyphron 2 P. 3; Theages 11 P. 128 und Apologie 17 P. 28; 26 P. 36.

79) Apologie 30 P. 39: Ταῦτα μὲν οὖν ὑμῖν τοῖς καταψηφισαμένοις μαντευσάμενος ἀπαλλάττομαι.

80) Diesen Sinn gibt G'onaid +909 = 297 Heg. bei Qoschairi P. 177 dem Worte tauḥid im Gegensatz zu der Bedeutung im gewöhnlichen Islâm, wo es das Bekenntniss eines einigen Gottes bedeutet. Der Text lautet: ان سئل الجنيد عن توحيد الخاص فقال يكون العبد شبحا بين يدى الله سبحانه تجرى عليه تصاريف تدبيره فى مجارى احكام قدرته فى لجج بحار توحيده بالفناء عن نفسه وعن دعوة الخلق له وعن استجابته بحقايق وجوده ووحدانيته فى حقيقة قربه بذهاب حسه وحركته لقيام الحق سبحانه له فيما اراد منه وهو D. h. Elg'onaid wurde über den Begriff des tauḥid (d. h. buchstäblich die Einsmachung) des Speciellen gefragt, und er antwortete: Es besteht darin, dass der Mensch ein Phantom in den Händen Gottes wird, auf welches sich die Wechselwendungen seiner Bestimmung in den Läufen der Beschlüsse seiner Allmacht in den Oceanfluthen der Meere seiner Einsmachung ergiessen durch das Aufgeben seines Selbst (das Schwinden aus seinem Ich) und das Verzichten auf irgend einen Anspruch von Seiten der Creatur an ihn, (Gott,) durch das Verzichten auf eine Erhörung seinerseits in der Wirklichkeit seines Seins und seiner Einzigkeit, in der Thatsächlichkeit des ihm Naheseins unter dem Schwinden der (creatürlichen) Sinneswahrnehmung und Bewegung, im Interesse dessen, dass Gott in dem Menschen Bestand hat, soweit als er (Gott) es will. Das bedeutet nun soviel, als dass das Ende des Menschen zu seinem Anfange zurückkehrt, und dass er wird, wie er war, bevor er war. — Ich füge Gazâlis Erklärung der vierten und höchsten Stufe des tauḥid bei, die so lautet: ان لا يرى فى الوجود الاواحد وهى مشاهدة الصديقين وتسميه الصوفية الفناء فى التوحيد d. h. dass der Mensch in dem Vorhanduen die Einzeldinge nicht sieht. Und das ist die Augenzeugenschaft der Gottesfreunde und die Sufis nennen dies das Schwinden oder Aufgehn im tauḥid: Iḥyâ IV P. 233.

81) Aṭṭâr Pendnameh, de Sacy P. 83 sagt:

هر که عارف شد خويش را
در فنا بيند بقاى خويش را

D. h. Jeder, der sein Selbst erkannt hat, erblickt im Nichtswerden seines Selbst seine Dauer.

82) Zakarya I, 84; Qoschairi P. 13. وعزّ تعالى لو قلتُ ان هذه الجلدة يبست على

هذا العظم من محجّته لصدقتُ. Sodann sagte El-sari, ich weiss einen abgekürzten Weg zum Paradiese, der darin besteht ان لا تسال من احد شيا ولا تاخذ من احد شيا ولا يكن معك شىء تعطى منه احدا d. h. dass du von Niemand etwas forderst, von Niemand etwas nimmst und Nichts bei dir hast, von dem du an Jemand etwas geben könntest.

83) Metaphysik der Sitten, Hartenstein VII, P. 18, 289, 297.

84) Von einem neuerdings erhobenen vornehmen Ton in der Philosophie, Hartenstein VI, P. 471.

85) Tractat zum ewigen Frieden, Hartenstein VI, P. 495.

86) Religion innerhalb der Grenzen der reinen Vernunft, Vorrede zur ersten Ausgabe, Hartenstein VI, P. 99—100; dazu Kritik der practischen Vernunft V P. 137.

87) Der Urbegriff des Heiligseins im Hebräischen ist lediglich formell und leer, es bedeutet abgesondert sein — profanum esse — und ist erst in langer Entwicklung zu einem ethischen Inhalte gekommen.

88) Biedermann, Dogmatik 2. Ausgabe I, P. 262.